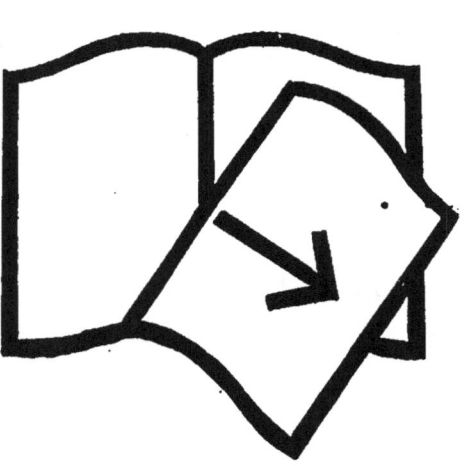

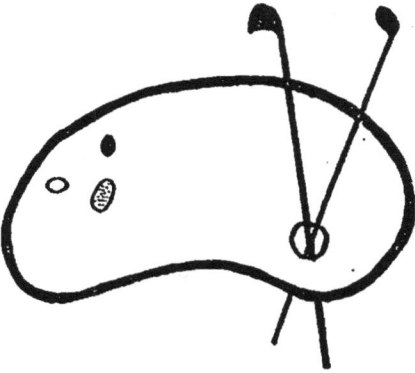

Début d'une série de documents en couleur

Couverture inférieure manquante

LE CLERGÉ
DE LANGUEDOC
ET
L'ENSEIGNEMENT PRIMAIRE

Aux deux derniers Siècles

Par l'abbé P. GUIRAUDEN,

[illegible] en théologie et en droit canonique.

MÉMOIRE

Présenté aux États de Montpellier

tenus en 1787

VALENCE
IMPRIMERIE VALENTINOISE
—
1889

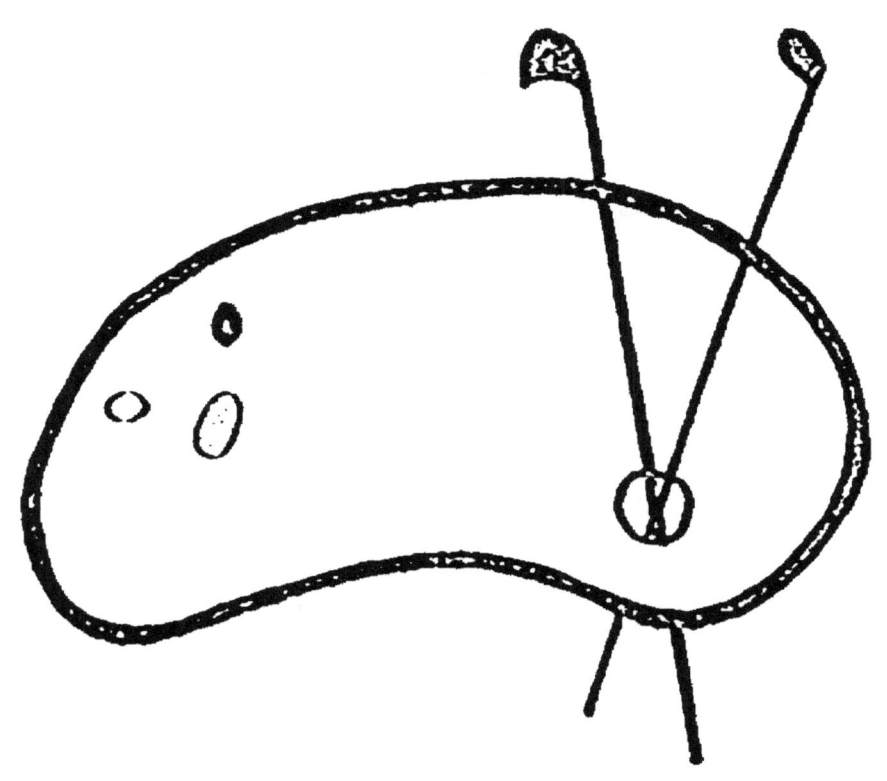

FIN D'UNE SÉRIE DE DOCUMENTS
EN COULEUR

LE CLERGÉ
DU LANGUEDOC
ET
L'ENSEIGNEMENT PRIMAIRE
Aux deux derniers Siècles

Par l'abbé P. GUIRAUDEN

MÉMOIRE
Présenté aux États de Montpellier
de 1889

VALENCE
IMPRIMERIE VALENTINOISE
—
1889

MÉMOIRE

sur

L'ENSEIGNEMENT PRIMAIRE

dans le Languedoc aux XVIIe et XVIIIe siècle (1),

PAR

M. L'ABBÉ GUIRAUDEN,

Aumônier de l'Institut des Frères de la Doctrine chrétienne
à Béziers.

« Qu'y a-t-il de plus important dans l'instruction que l'éducation, qu'y a-t-il de plus important dans l'éducation que l'instruction religieuse ? » — « La morale sans religion, c'est la justice sans tribunaux ». Elles sont « indissolublement liées ». — Si bien qu'il y aurait « de la démence à former un peuple de philosophes.... rien ne serait plus difficile à gouverner ». — « Ah ! c'est qu'il n'est pas donné au gou-

---

(1) Pour ne pas abuser de l'hospitalité si généreusement offerte à son mémoire, l'auteur a dû n'en faire paraître qu'une partie et l'alléger de notes intéressantes et de ses pièces justificatives. Il les donnera dans la publication complète de cette étude. Ce serait faire une œuvre excellente que de lui communiquer tout ce qui peut intéresser son travail.

vernement, même le plus absolu, d'être le conservateur de la morale. Il fait bien la ronde autour des actions humaines... Il ne règne pas dans la conscience des hommes. Il n'assiste pas au commencement de leurs projets et à l'origine de leurs pensées ». — « Les lois ne sont que le supplément de la morale des peuples ». — « Au prêtre d'enseigner à lire et à écrire ; à lui de composer les livres que l'on met sous les yeux de l'enfant ». — « Que l'enseignement soit entre ses mains, il en résulte une morale douce et bienfaisante ». Qu'on l'éloigne de l'école : « les enfants sont livrés à l'oisiveté la plus dangereuse, au vagabondage le plus alarmant. Ils sont sans idée de la divinité, sans notions du juste et de l'injuste. De là les mœurs farouches et barbares ; de là un peuple féroce (1) ».

Mais quels sont ces hardis adversaires de la morale civique, ces avocats et ces tenants passionnés de l'enseignement confessionnel ? Le croira-t-on ? Ces professions de foi sont empruntées aux déçus du philosophisme, aux désabusés de 93. Nous avons tour à tour entendu Daru, Grégoire, Fourcroy, Rivarol, Gilbert-Desmolières, La Harpe, Necker. Ames naïves ou cœurs intéressés, dupes ou dupeurs, tous en avant-garde ils avaient mené l'assaut au nom de la philosophie, et maintenant, maîtres absolus de la forteresse qu'ils avaient démantelée, impuissants à la relever de ses ruines, incapables de maintenir la discipline, de rétablir l'ordre qu'ils avaient troublé, là même, sur le théâtre de leur victoire, ils se déclaraient les vaincus ; ils appelaient à leur aide celle dont ils s'étaient imprudemment constitués les adversaires, ils imploraient

---

(1) Ces citations sont empruntées au livre de M. l'abbé SICARD, *Éducation morale et civique avant et pendant la Révol.*, passim.

l'assistance de la religion, cet indispensable appui de l'ordre social.

La sincérité ne dictait pas tous ces aveux. Parmi ces nouveaux prôneurs de la morale religieuse, quelques-uns sacrifiaient aux exigences de la popularité ; ils cédaient à la pression de l'opinion qui réclamait à grands cris l'enseignement chrétien. Mais, qu'ils fussent le cri spontané d'une conviction chèrement acquise ou que la révolte d'un peuple contre un programme démoralisateur les ait imposés, de tels aveux n'en proclament pas moins l'insuccès des disciples de Rousseau, ils constituent le plus éloquent des plaidoyers en faveur des écoles chrétiennes. Oui, la religion doit présider à l'éducation que l'on ne peut séparer elle-même de l'instruction. C'est la leçon que d'imprudents théoriciens, sophistes ou charlatans, ont tracée en caractères sanglants sur les membres meurtris de notre pauvre France. Bonaparte le rappelait en ces termes au grand maître de l'Université : « Fontanes, lui disait-il, il faut me faire des hommes et pensez-vous qu'un homme puisse être un homme s'il n'a pas Dieu ? Sur quel point d'appui posera-t-il son levier pour soulever le monde, le monde de ses fureurs et de ses passions. L'homme sans Dieu, je l'ai vu à l'œuvre depuis 1793 et j'ai assez de cet homme-là... Ah ! vous voudriez faire sortir cet homme-là de mes lycées !... Non, non, pour former l'homme, je me mettrai avec Dieu ; car, il s'agit de créer et vous n'avez pas reçu encore le pouvoir créateur ».

Le génie donne seul un tel relief aux vérités qu'il formule ; mais celle-ci est une vérité de sens commun. Nous ne savons quel vertige la fit oublier en France ; de tout temps, elle fut reconnue et professée. A Rome, comme en Grèce, la religion présidait à une œuvre que l'homme se sentait incapable de mener à bonne fin (1). C'était s'assurer le concours de la conscience. L'enfant apportait aux leçons du maître une religieuse attention. Même des lèvres de l'affranchi, il les recueillait comme un oracle divin, et, devenu homme, il acceptait volontiers des obligations qu'il s'était habitué à remplir. Aussi, les Césars virent-ils dans l'école une arme précieuse pour leurs conquêtes ; ils en établirent dans toutes les provinces soumises. Les écoles de Narbonne, d'Arles, de Nîmes eurent leur célébrité, elles fournirent des maîtres à Athènes et à Rome, mais surtout elles donnèrent à l'empire des sujets dociles et dévoués.

Ah ! c'est que l'enseignement s'empare de l'intelligence, l'éducation forme la volonté et la religion subjugue les cœurs. Ayant reçu la mission d'instruire les peuples, l'Eglise ne pouvait dès lors se désintéresser de l'enseignement public. Le Christ se fit maître d'école et, après avoir lui-même exercé dans le collège apostolique cette pénible fonction, il la légua à ses disciples. Ceux-ci se montrèrent jaloux de ce noble magistère ; ils ne se donnèrent des aides que lorsqu'ils ne purent y suffire. Avant de quitter une cité où leurs prédications avaient opéré des conversions, ils y organisaient l'enseignement ; instituant des maîtres au milieu des nouveaux disciples. Les anciens ou même les diacres étaient chargés d'instruire les hommes. L'instruction des femmes était confiée aux diaconesses, « personnes âgées, libres de leur temps et d'une prudence éprouvée (2) ».

---

(1) Homère était un livre liturgique ; c'est là que l'enfant se formait à la lecture... Educa lui apprenait à manger, Potina à boire, Cuba à dormir, tout l'Olympe s'occupait de son éducation.

(2) Ep. *ad Titum*, c. I et II.

A l'exemple des apôtres, le missionnaire fonda des écoles dans tout pays qu'il traversa. L'instruction des peuples fut la constante préoccupation de l'Eglise. A côté des écoles monastiques, elle établit les écoles épiscopales. Pour aider l'évêque, elle leur donna l'assistance du capiscol ou de l'écolâtre (1). Partout où elle réunit ses représentants, elle ne se lassa jamais d'en rappeler l'importance et la gravité. A Vaison en 529, à Orléans en 797, à Mayence en 813, en 855 à Valence, elle leur fit une obligation rigoureuse de ne pas le négliger.

Loin de s'en plaindre, l'Etat s'en félicitait. Ouvrez les capitulaires de Charlemagne : que de pages n'y a-t-il pas consacrées à retracer au Clergé le devoir que lui impose ce noble rôle d'éducateur des peuples. Négligent dans le principe, Louis le Débonnaire fit mieux que de se le reprocher, il mit dans la suite le plus grand zèle à exhorter certains clercs peu zélés. Que l'on ne dise pas : « A cette époque, le Clergé était seul lettré ». Sous les Capets, nous le retrouvons en pleine possession de l'école. Les conciles et les synodes continuent à s'occuper de l'enseignement ; les évêques en ont la surveillance, ils en rédigent les règlements. Appelé plusieurs fois à décider si le droit d'enseigner est inhérent à la charge de pasteurs des âmes, le Conseil d'Etat se prononce invariablement en faveur des prétentions des curés. Dans les *Mémoires du Clergé*, nous avons relevé en l'espèce plus de sept arrêts ou édits obéissant à la même jurisprudence ; quelques-uns portent la signature de celui dont le règne marqua l'apogée de l'ancien régime (2).

---

(1) Le concile d'Aix-la-Chapelle (806) imposa à l'évêque cet auxiliaire.
(2) *Mémoires du Clergé*, tom. 1ᵉʳ, titre : *des Ecoles*.

Ainsi, le temps avait fui, transformant hommes et choses. On avait vu se multiplier les gens d'esprit, lettrés ou savants, l'Etat n'avait pas cru, sur ce point, devoir modifier sa législation. Mieux que le paganisme, la Monarchie très chrétienne l'avait compris. On ne sépare pas l'instruction de l'éducation sans faire une œuvre monstrueuse. L'enfant qui grandirait ainsi porterait une tête tuméfiée sur des membres qui ne se développeraient pas : il serait hydrocéphale. Peut-être aurait-il des idées, il manquerait certainement de sentiment et de caractère. Rousseau allait donc à un échec certain. Pourquoi a-t-il fallu que la démonstration de son erreur se fît au préjudice de toute une génération !

Cependant, l'opinion ne s'était pas hâtée de répondre à l'appel de l'Emile. Ceux-là même qui le lisaient avec le plus de fièvre, qui, chaque jour, demandaient à ces pages sophistiquées de les sensibiliser davantage et qui ne fermaient jamais le livre sans prendre la résolution de s'humaniser encore un peu, ceux-là même ne souhaitaient pas voir la religion délogée d'une place qui paraissait si bien la sienne. Ecrits après 1762, le rapport du président Rolland, les travaux de Guyton de Morveau, de la Chalotais, réclament pour elle le rôle le plus important à l'école. On prendrait pour un règlement de Séminaire celui rédigé, en 1769, pour Louis-le-Grand.

En veine de tracasserie contre le Clergé, ne sachant comment utiliser sa poudre et occuper sa malice, le Parlement suscitait bien quelque chicane qui lui permettait de mettre à l'essai les théories nouvelles. Mais le Roi cassait tous ces arrêts et il maintenait l'école sous la juridiction de l'évêque.

Aussi, le primat du Languedoc était-il, non-seulement l'interprète de l'Assemblée de 1762 qu'il présidait, mais l'écho de l'opinion à peu près générale, lorsqu'il invitait le Roi à ne pas laisser déposséder le sacerdoce d'un droit reconnu par tous ses prédécesseurs. Avec l'Assemblée, on admettait alors que le droit de veiller à l'enseignement public pour les évêques reposait « sur celui d'instruire et de prêcher qu'ils avaient reçu de Dieu ... et sur les ordonnances des rois ».

Ce droit, le Clergé l'a-t-il exercé avec intelligence et dévoûment ? Les partisans de la Révolution le nient. Ceux-ci l'accusent de s'être montré avare de cet enseignement ; ceux-là d'avoir occupé des maîtres incapables ou ineptes ; d'autres, d'en avoir avili la fonction et méconnu l'importance. Ils essaient ainsi de justifier leur usurpation. Pièces en main, on leur a prouvé qu'ils mentaient. D'infatigables chercheurs ont fait cette démonstration pour nombre considérable de nos anciennes provinces elle reste à faire pour le Languedoc. Nous avons la témérité de l'entreprendre. Les résultats acquis ailleurs, ce que nous savons de l'amour de cette province pour les lettres, nous inspirent la plus grande confiance.

Limitons cette étude à l'enseignement primaire durant les deux derniers siècles, nous préoccupant d'abord de son organisation, en faisant ensuite l'histoire sommaire.

§ 1er.

« On a dépensé beaucoup de sensibilité depuis La Bruyère et surtout depuis la Révolution sur le sort des paysans. Robespierre n'en parlait qu'avec des larmes dans la voix... Peu à peu, une sorte de réaction s'est introduite ; le moyen-âge, étudié d'un peu plus près, est apparu moins sombre... l'on a reconnu qu'il y avait quelque exagération à dater de 1789 la fraternité, la bienfaisance et généralement toutes les vertus sociales (1) ». On n'a pas cependant renoncé à l'attaque. Obligé de convenir que les écoles étaient multipliées, on en discute la qualité : « C'était l'enseignement du curé ! » s'écrie-t-on, et la bande, un instant déconcertée, applaudit frénétiquement, sans considérer que cet enseignement du curé a donné à notre pays les deux siècles les plus glorieux que jamais peuple ait connus : celui de la littérature la plus justement admirée et celui des conquêtes scientifiques les plus fécondes, le XVIIe et le XVIIIe siècle.

Mais faites-vous entendre d'esprits qui ont divorcé avec les vrais principes. Le philosophisme a déplacé l'axe du monde moral et intellectuel. Le détachant de celui qui en est la base naturelle, le point d'appui indispensable, on l'a soudé à des systèmes que les sens, la passion ou l'orgueil ont inspiré. Pour bien réussie qu'eût été la soudure, ne trouvant plus là sa sève et ses éléments de vie, la société devait périr. De fait, quelques années de ce régime suffirent à conduire notre pays aux luttes douloureuses de l'agonie. La mort même eût été définitive, si les hommes qui en avaient fait la conquête se fussent résignés à régner sur un cadavre. Leur ambition leur suggéra la pensée de le ranimer. Malheureusement, eux aussi, ils étaient philosophes et ils n'étaient plus libres de répudier les principes qui leur avaient permis de se

---

(1) *L'Instruction publique et la Révolution*, Albert Duruy, ch. 1.

hisser au pouvoir ; ils n'eurent recours qu'à des expédients. La religion fut autorisée à relever ses édifices dans ce corps social dont le philosophisme a modelé les organes et qui respire à haute dose la doctrine des droits de l'homme. Mais le divorce fut maintenu. L'Eglise n'eut sur les âmes qu'une action gênée, limitée, combattue. Les cœurs ont d'autant perdu de leur droiture et les esprits de leur vigueur. Non, il n'est pas aisé d'obtenir plus de justice dans l'appréciation d'un état de choses qui cadre si mal avec des préjugés profondément enracinés. N'en poursuivant pas moins notre tâche, montrons combien furent sages nos évêques qui, dans l'organisation de l'enseignement primaire en Languedoc, s'inspirèrent de ce principe formulé par Madame de Maintenon au nom de la saine raison : « L'enseignement doit être simple, raisonnable et chrétien ».

*
* *

On ne peut, sans injustice, accuser d'avoir méconnu l'importance de cet enseignement des évêques qui, dans leurs mandements, leurs règlements, leurs discours synodaux, considèrent, comme la plus grave de leur ministère, la charge d'y pourvoir. Fléchier en fait à ses prêtres une obligation rigoureuse : « Elle n'est, dit-il, ni de bienséance, ni d'institution humaine, mais de droit divin et de précepte indispensable ». Il leur rappelle les décrets du concile de Latran. Avec quelle éloquence il les presse d'en appeler à l'autorité des parents : « Il faut leur dire que leur conscience est chargée de l'éducation de leurs enfants, que s'ils la négligent, ils porteront eux-mêmes la peine de leurs négligences (1) ». Ce même langage nous le surprenons sur les lèvres de Mgr de Charency : l'éducation de la jeunesse le préoccupe tout autant : « Telle est, dit-il, notre première obligation, notre principale occupation (2) ». De même, aux yeux de Mgr Georges de Souillac « l'instruction des enfants est le service le plus important que l'on puisse rendre à l'Eglise et l'un des principaux devoirs de l'Evêque doit être de cultiver ces jeunes plantes (3) ». A la veille de la Révolution, l'épiscopat Languedocien n'avait pas changé en cela de sentiment. Le dernier évêque de Béziers écrivait à la tête de son catéchisme diocésain : « C'est en marchant sur les traces de l'Apôtre que ses successeurs dans l'Apostolat ont principalement donné leur soin à l'éducation de la jeunesse... Rien de plus glorieux que cet emploi ».

Les pressant d'enseigner aux enfants la doctrine chrétienne, ces mêmes prélats engageaient vivement les curés à établir des écoles dans leur paroisse : « Nous ordonnons que les curez et vicaires perpétuels procureront dans leur paroisse l'établissement d'un maître et d'une maîtresse d'école, écrivait Mgr de Phelippeaux en 1693 (4) ». « Dans chaque lieu considérable où il n'y aura pas un régent et une régente, on aura soin d'y en établir, prescrit Mgr Le Goux de la Berchère en 1706 (5) ». En 1668, Mgr Le Voyer de Paulmy, mécontent de ne point trouver à Millau

---

(1) *Discours synodaux. VI*.
(2) *Mandement pour la publicat. du Catéch.*
(3) *Ordonn. synod.*
(4) *Ordonn. syn.*
(5) *Ord. syn.*

d'école de filles, ordonne qu'elle y soit établie sans retard (1).

Du reste, le curé était intéressé à ces créations. Le régent et la régente lui facilitaient sa laborieuse mission. Il devait les accueillir comme des auxiliaires qui, bien que non revêtus du caractère sacerdotal, en partageaient les charges. Ce n'est pas autrement que les considéraient les évêques. Dans leurs ordonnances synodales, ils s'occupent tout spécialement de leur fonction ; et, en présence de tous les égards dont ils les entourent, ils sont bien mal venus tous ces pleurnicheurs de commande, qui, pour faire valoir leur marchandise, sont réduits à déprécier celle des autres, ils sont bien mal venus lorsqu'ils se lamentent sur le malheureux sort de nos anciens régents, lorsque, dans une déplaisante caricature, ils nous les montrent remplissant l'indigne rôle de valet du presbytère. Leur grotesque plaisanterie n'en impose qu'aux ignorants. Appelé à la peine, le régent l'était à l'honneur. Investi de sa charge, au village comme à la ville, il était un personnage. Parce qu'il participait au ministère du prêtre, il avait sa place bien près de lui. Le seigneur lui devait au chœur la préséance : on l'encensait avant lui (2). Il est vrai qu'il aidait à chanter l'office divin, qu'il prenait soin de la dignité du sanctuaire. Mais, si remplir de telles fonctions, c'est aujourd'hui déroger, faut-il, pour être en cela bon juge, s'en rapporter aux appréciations d'une opinion devenue incrédule et oublier que ces âges de foi estimaient tout autrement un rôle qui confine à celui

---

(1) *Ecoles publiq. à Millau*, par l'abbé ROUQUETTE.
(2) Une décision de l'Assemblée du Clergé de France, tenue en 1685, l'ordonne.

du prêtre et qui a pour objet le service des autels. Le régent ne dérogeait pas aux yeux du seigneur. Celui-ci l'admettait dans sa famille comme ami ou conseiller ; plus d'une fois il lui demanda de tenir l'un de ses enfants sur les fonts baptismaux.

Et vraiment, si l'on avait eu de l'emploi une estime si vile, aurait-on mis tant de sollicitude à le pourvoir ? Afin que le choix des maîtres fut toujours heureux, l'Evêque s'éclairait des lumières de ses prêtres. Dans les villes, un chanoine qui, dans notre midi, portait le nom de *Capiscol*, était spécialement préposé à cette charge. Ce soin, dans la campagne, était laissé au curé. Celui-ci le partageait souvent avec la municipalité ou avec l'assemblée des pères de famille. Dans ce cas, ces derniers ou les consuls présentaient le maître au curé, qui ne l'acceptait que lorsqu'il était nanti de l'approbation épiscopale. Ce fut une mesure universellement pratiquée dans notre Province. Le concile de Narbonne, tenu en 1609, en fait mention. Les ordonnances synodales en recommandent l'observation. Le régent, pour être agréé, devait se présenter avec cette permission écrite. L'Evêque et son représentant avaient seuls le droit de la délivrer ; ils ne la délivraient que sur la présentation d'un certificat de bonne conduite, doublé d'un diplôme de capacité professionnelle. Dans certains diocèses, l'on faisait subir un examen préalable. C'était, pour le curé, un devoir grave de veiller à l'observation de ces prescriptions. Les évêques le lui rappelaient : « Notre devoir pastoral nous oblige, écrivait Mgr Pavillon, de prendre garde que l'instruction de nos enfants ne soit confiée qu'à des personnes d'une piété et d'une capacité reconnue, de peur que ce qui doit les conserver dans l'innocence et la piété ne soit un piège pour les perdre et les engager dans le vice ». Entendez l'un de nos évêques de Béziers, ses sollicitations ne sont pas moins pressantes : « La bonne nourriture et la bonne éducation de l'enfant étant l'un des moyens les plus efficaces et certains d'établir solidement la piété dans le christianisme, il est de notre obligation de bien connaître ceux qui s'emploient à leur instruction (1) ». Voici maintenant le langage d'un archevêque de Toulouse : « Les précautions que prit le saint homme Tobie pour le choix d'un guide qu'il voulait donner à son fils, et son attention pour s'assurer de la fidélité de celui à qui il devait confier un si précieux dépôt, ne sont-elles pas de belles leçons, qui nous apprennent combien doit être sérieux l'examen que nous devons faire quand il s'agit du choix de ceux à qui nous confions l'éducation des jeunes enfants, objet de la tendresse de J.-C. qui les bénit, qui habite en eux, qui veut en faire des rois, des prêtres, qui règneront et serviront Dieu pendant l'Eternité ».

N'était-ce point là tenir en très haute considération ce noble ministère ? S'ils en avaient eu le moyen, nos évêques l'auraient réservé à des mains ecclésiastiques. C'eût été revenir à une antique tradition. Nosseigneurs d'Alet le firent. Mgr le Goux de la Berchère l'exigea partout où cela était possible. Il n'était pas rare, partout ailleurs, de rencontrer, à la tête des écoles de village, des clercs-tonsurés. A la fin du XVIIIe siècle, toutes les villes de la Province étaient pourvues de maîtres congréganistes. Les régents des villages, en majeure partie, n'en étaient pas moins séculiers. Obligés d'en solliciter les services, nos prélats, sans se décourager,

---

(1) *Ordonn. syn.* de Mgr de Rotondis de Biscarras.

travaillaient avec zèle à leur formation. Ils leur prescrivaient le lever matinal, la méditation de chaque jour, la confession et la communion fréquentes, enfin les exercices d'un bon Séminariste. Ceux-ci y trouvaient des conseils pour l'accomplissement de leurs devoirs et pour la pratique des vertus, qui devaient leur assurer le succès et le respect de tous. On leur inspirait l'amour de l'étude, on les invitait à s'éloigner des lieux publics, à fuir les fêtes mondaines et les jeux de hasard, à éviter les sociétés suspectes, offrant l'exemple de la plus austère sobriété et de la réserve la plus digne. Du reste, des livres spéciaux, écrits pour leur édification personnelle, développaient l'importance et les avantages de ces prescriptions diverses et, chaque année, on les convoquait à une retraite spirituelle. C'était les traiter comme un peuple de choix et travailler à se former pour ce noble ministère des âmes délicates, séparées du monde par leurs goûts et leurs habitudes.

Toutefois, s'il est des hommes qui pèchent par ignorance, le plus grand nombre succombent par faiblesse. Ce n'est donc pas assez de promulguer de sages règlements et de les promulguer à son de trompe. Se confier entièrement au bon esprit de ceux qu'ils obligent, c'est prouver que l'on connaît mal l'humanité et les condamner à tomber, à brève échéance, dans l'oubli le plus regrettable. La loi est impuissante là où le pouvoir exécutif ne la fait observer. A côté des écoles il fallait un contrôle sérieux pour veiller à la fidélité du maître et aider, en la stimulant et la tenant en éveil, sa volonté défaillante. Nul mieux que le curé ne pouvait remplir ce rôle. L'éducation, l'instruction, l'avenir de toutes ces âmes qu'il avait baptisées, tout cela était en jeu : on pouvait compter sur son zèle. Son caractère sacré lui donnait de l'influence sur la conscience d'hommes pour lesquels il n'était pas un officier public, se présentant la menace aux lèvres, mais un père ayant horreur de sévir et n'ayant recours aux peines édictées que lorsque les conseils étaient méconnus. La charge de veiller sur l'école lui fut confiée. Ses visites devaient y être fréquentes. Elles avaient pour objet de contrôler l'enseignement du maître et d'en assurer l'orthodoxie. Il lui appartenait, en outre, de constater si les enfants étaient assidus, si les régents et les régentes étaient capables de leur emploi, s'ils s'en acquittaient avec zèle, en un mot, si les règlements épiscopaux étaient fidèlement observés.

L'enseignement primaire avait, par le fait, ses inspecteurs. Toujours là, le curé multipliait les conseils, encourageait plus encore qu'il ne réprimandait, ne se lassant jamais et n'en venant aux sévérités du règlement que lorsque l'obstination et l'entêtement étaient manifestes. Devant l'incapacité et le mauvais vouloir, il n'avait pas à hésiter, le maître était dénoncé à l'Evêque et destitué. Pour sévir, le curé pouvait ne pas attendre la visite pastorale. Celle-ci, pourtant, lui en offrait une occasion solennelle. L'inspection de l'école entrait, en effet, dans le programme de ces visites. Régents et régentes y étaient officiellement convoqués. Ils subissaient un examen devant le prélat, et rendaient compte de leur enseignement. On les appelait à s'expliquer sur les griefs qu'on leur reprochait et sur la violation et le mépris des règlements dont on les accusait. Echappant aux petites passions de la localité, n'ayant en vue que le bien des âmes, l'Evêque prononçait des arrêts que la conscience dictait. Le bon ordre et la justice étaient ainsi bien gardés.

D'autre part, mettre tant de clairvoyance, de sagesse, de zèle, à organiser cette institution sociale, n'était-ce pas en reconnaître hautement l'importance ? Il faut être aveugle pour le contester.

Nous avons emprunté les détails de cette sage législation aux règlements diocésains. Nous avons pu nous procurer ceux du diocèse d'Alet, qui étaient en vigueur dès 1640 ; ceux de la primatiale de Narbonne, rédigés en 1675, ceux, enfin, donnés à Montpellier par Mgr de Pradel. Chaque diocèse avait les siens : les ordonnances synodales les rappellent et en promulguent à nouveau certaines prescriptions.

Dans ces règlements, se reflète nettement la pensée de nos évêques en matière d'enseignement. Il est très aisé d'y surprendre leur doctrine. Nous pouvons y constater facilement qu'ils professèrent, sur ce chapitre, d'autres principes que nos éducateurs modernes. Eloignant toute influence chrétienne, élargissant démesurément le cadre de l'instruction, sans tenir aucun compte de la situation et de l'avenir des enfants auxquels ils l'imposent, ceux-ci paraissent faire une estime bien médiocre de l'éducation. Ils oublient les déplorables résultats de la tentative faite au siècle dernier. Ils oublient qu'en présence des ruines amoncelées par des hommes qu'ils avaient privés de tout frein moral, des politiciens philosophes ont dû s'écrier : « Point d'instruction sans éducation : point d'éducation sans religion ! » Diderot, qui prêchait le retour à la nature, en avait convenu lui-même, lorsque, interrompant pour un instant ses cabrioles immorales, il en était venu à la pratique. Dans le programme tracé pour les collèges de Russie, il veut que la journée commence et se termine par la prière, et qu'un aumônier, chargé de la discipline, y distribue le prix de science et de vertu. On connaît les principes de Frédéric II : eh bien, il demande que « les instituteurs soient, plus que tous autres, animés d'une solide piété ». Quelle force mystérieuse arrache pareils aveux à des esprits qui ont déclaré à la religion une guerre acharnée ? Est-ce un éclair de raison qui traverse leur intelligence dévoyée ; est-ce l'intérêt qui impose silence à la raillerie et à la haine ? Peut-être l'un et l'autre, ou peut-être le sens commun ne s'oblitère jamais entièrement et la vérité a ses heures de revanche. Quoi qu'il en soit, après s'être efforcé de justifier le principe contraire, après avoir essayé de prouver que l'éducation d'un être « naturellement bon et qui n'emprunte ses préjugés et ses défauts qu'aux funestes influences dont on l'entoure » ne réclame que l'abstention, Rousseau n'y réussit pas du tout. Dès la première épreuve, sa Julie tombe ; et si nous lui demandons pourquoi elle succombe alors que bien d'autres à côté d'elle restent debout, il nous répond qu' « elles ont un meilleur appui ». En d'autres termes, la religion lui a manqué ; elle est nécessaire à élever l'homme ; elle constitue l'élément principal de l'éducation (1).

Leurs règlements le démontrent, nos évêques pensaient ainsi. L'éducation y paraît leur pensée dominante et ils se préoccupent avant tout de son élément essentiel : la religion. La prière sanctifie le travail : elle commence et termine la classe ; elle précède tout exercice. Avant de répondre, l'écolier interrogé fait le

---

(1) L'abbé SICARD, dans son livre : *L'éducation morale et civique*, en a fait une bonne démonstration.

signe de la croix. L'assistance à la messe de chaque jour est réglementaire. L'on se rend à l'église en corps : les élèves marchent deux à deux. Le maître accompagne sa phalange et, tandis que le prêtre célèbre l'auguste sacrifice, placé de façon à ne rien perdre des mouvements de ses écoliers, il veille à ce que leur tenue soit modeste, pleine de religion et de respect.

En classe, il doit autant se préoccuper de les former à la vertu que de les instruire. Sa vigilance doit les suivre partout, au foyer comme dans la rue, et s'inquiéter également de leurs jeux et des sociétés qu'ils fréquentent. Il faut qu'il sache comment, dans leur famille, ils s'acquittent de leurs devoirs ; comment ils s'y comportent avec leurs frères et sœurs. Ne rencontrent-ils point là, dans la négligence, l'ignorance ou le scandale de ceux qui en ont la charge, un piège pour leur innocence ? Qu'il s'en inquiète : c'est son devoir ; il a été constitué l'ange gardien de ses élèves. Qu'il prenne donc garde que leurs vêtements, leurs conversations, leurs jeux soient modestes. Qu'il le soit lui-même dans les encouragements, les témoignages de satisfaction qu'il leur donne, aussi bien que dans les corrections qu'il est obligé de leur administrer, afin que rien dans sa conduite ne blesse la vertu de ces enfants.

L'innocence, le plus bel apanage de leur âge, préoccupe singulièrement la sollicitude de nos évêques. C'est afin de la mieux protéger qu'ils ont déclaré aux écoles mixtes une guerre sans quartier. Rien à leurs yeux ne l'expose davantage. Aucun usage ne leur paraît plus dangereux. Ils ne croient pas trop faire d'en appeler aux foudres de l'Eglise : dans toute la Province, l'excommunication est fulminée contre ceux qui contreviennent à ce point des ordonnances. En vérité, est-il aisé de comprendre que leur conduite ait eu en cela des contradicteurs ? La Révolution pourtant a eu des hommes qui trouvèrent des avantages à ce mélange. Il est vrai, l'innocence de l'enfant fut son moindre souci : elle mit entre ses mains un catéchisme élémentaire, qui lui ouvrit prématurément les yeux sur les choses de la vie (1). La grammaire de Dacosta le rend manifeste : l'expérience n'a rien appris à la Révolution. Par un décret récent, elle vient de supprimer l'école des filles dans 1506 communes et d'y rétablir l'école mixte, avec cette circonstance aggravante, qu'elle sera obligatoire et qu'un maître et non une maîtresse en aura la direction ! C'est bien mal répondre aux exigences de la morale publique.

Mais la morale trouve son meilleur appui dans la religion ; elle est le naturel épanouissement de sa doctrine. Voilà pourquoi, en imposant ces mesures de prudence, nos évêques voulurent que l'enfant apprît à lire dans l'Abrégé de la Doctrine, le Psautier et l'Exercice du Chrétien. Le catéchisme était, à l'école, le plus indispensable des livres classiques. Au moins une fois par semaine, ordinairement deux fois, mais assez souvent trois, l'écolier en récitait quelques leçons et le maître, par des explications sommaires, le préparait à celles qu'il devait recueillir des lèvres du prêtre ou lui rappelait celles qu'il avait déjà entendues.

Le maître était, en effet, de toutes les réunions du catéchisme. N'aurait-il pas eu à y exercer la surveillance, il y serait venu recevoir lui-même, dans l'en-

---

(1) L'ouvrage de Saint-Lambert, qui fut imposé d'office, s'ouvre par un dialogue entre Ninon de Lenclos et un disciple d'Epicure, sur la femme du XVIIIe siècle.

seignement du catéchiste, les leçons dont il avait grand besoin pour remplir son rôle avec fruit. On mettait d'ailleurs entre ses mains des recueils plus étendus que l'Abrégé à l'usage des élèves. C'était de petites sommes théologiques. Il fallait que l'enfant comprît ce qu'il apprenait, s'il n'avait pu en rendre compte on ne l'aurait jamais considéré comme sachant sa religion. L'instituteur avait pour mission d'aider le prêtre à la lui apprendre.

L'école était donc confessionnelle ? Sans aucun doute, et c'était là le meilleur de ses avantages et le plus beau de ses titres.

*
* *

Est-il vrai que les règlements épiscopaux limitaient l'enseignement primaire à l'étude de la religion ? Parce que chacune de ces ordonnances scolaires n'était pas un programme ronflant de savantes études, est-il légitime de conclure que l'on considérait comme superflue pour le peuple toute autre instruction ? Ce serait une erreur grossière de le croire. Malgré leur réserve sur ce point, ces règlements en disent assez pour nous édifier et démontrer tout le contraire ; ils insistent, en effet, sur la bonne instruction de l'enfant et la capacité du maître. Ils invitent celui-ci à prendre garde que la classe ne se passe en causerie, badinage et dissipation. Le silence, l'ordre favorisent l'étude ; il faut les maintenir, donnant à chacun sa place, ne permettant pas que l'on en change sans permission. « Que l'élève, disent-ils, récite la leçon posément et distinctement. Il se trompe : point d'indulgence funeste ; il convient de le reprendre et, quand ces fautes se renouvellent, de le punir. La punition est toujours profitable lorsqu'elle est imposée à propos, avec mesure et sans colère. » (1)

De plus, comme il est difficile d'enseigner ce que l'on ignore, l'approbation de l'évêque n'est accordée qu'à des maîtres d'une capacité reconnue. On leur fait subir un examen ou l'on exige d'eux un diplôme. On ne leur délivre qu'une autorisation révocable et annuelle. Eût-il donné pleine satisfaction à ses examinateurs, fût-il pourvu du plus sérieux diplôme, l'approbation était retirée au régent qui, une fois en place, était reconnu incapable. Non que l'on méprisât le diplôme dont il est d'usage de dire aujourd'hui beaucoup de mal ; mais on n'avait pas en ce satisfecit une foi aveugle. On ne demandait pas des savants pour la direction de l'école, mais des professeurs.

Soit, dira-t-on ! admettons que l'ancien régime ait formé des pédagogues instruits et sages. Qu'importait au peuple leur science ou leur savoir-faire, s'ils gardaient tout cela pour eux ou ne l'employaient qu'à entretenir l'obscurantisme ! Quel était le cadre de cet enseignement, voilà ce qu'il importe de savoir. Les règlements se taisent sur cette question, mais, à leur défaut, bien d'autres documents nous répondent. Les délibérations des communautés, les archives des congrégations enseignantes en ont conservé le programme. Or, ce programme nous apprend que l'école offrait alors à l'ouvrier toute l'instruction désirable pour

---

(1) La punition corporelle n'était pas considérée, alors, comme une atroce cruauté, digne de toutes les peines du Code criminel. Mais les règlements veillaient à ce qu'il n'y eût ni excès, ni abus : « Le châtiment, disait Mgr de Pradel, doit être ou de la férule ou du fouet ou de les faire demeurer à l'école... On ne les frappera pas sur la tête, ni du pied, ni du bâton ; on ne leur dira aucune injure. Le châtiment du fouet ne sera que pour les grandes fautes ».

l'exercice de sa profession, la bonne tenue de son ménage et l'éducation première de ses enfants. Quand un adolescent en sortait, ayant bien profité des leçons qu'il y avait reçues, il savait lire le latin dans son livre d'office, l'écriture officielle dans les papiers de famille, il pouvait rédiger une note ou un contrat, il lui était facile de tenir ses comptes. On lui avait appris la lecture, l'écriture, l'histoire sainte, l'arithmétique, le plus souvent un abrégé de l'histoire du pays, quelques éléments de géographie et parfois même de l'arpentage. Nous ne parlons pas du programme adopté par les disciples du B. J.-B. de la Salle. Il comprenait des cours de dessin, d'astronomie et de navigation. D'ailleurs, est-il nécessaire d'ajouter au premier pour faire de l'enfant qui le posséderait un parfait ouvrier, utile à sa famille et à son pays ? La jeune fille avait droit en plus à des leçons de couture ; il fallait aussi l'initier à cette science que l'on appelait alors l'*Économie*. Aucun de nos évêques n'oublie d'insister sur ce point. « Elles apprendront, en outre, disent-ils en parlant des maîtresses, à coudre, à filer ou quelque autre travail qui leur soit propre et convenable. »

Il est donc vrai, nos évêques cherchaient à assurer au peuple une instruction qui pût lui être utile, avantageuse. Moins tapageuse que celle distribuée par nos écoles, elle était aussi plus solide, plus sérieuse ou répondait mieux à la situation et à l'avenir de ceux qui la recevaient. S'ils en limitaient le programme, c'est parce qu'ils s'inspiraient des conseils du bon sens. Ils ne voulaient pas retenir inutilement l'enfant sur les bancs de l'école, retarder indéfiniment les années de l'apprentissage et lui inspirer des rêves et des visées qui l'eussent entraîné en dehors de sa voie.

En fait, ils ne s'opposaient pas à la vulgarisation du savoir. (1)

La diffusion des lumières, ah ! le Clergé l'aimait autant que tout autre corps ; il y travailla avec une ardeur qui méritait autre chose que d'injurieuses calomnies. Mgr Georges de Souillac n'était point le seul à recommander au curé d'étudier les dispositions des jeunes enfants qui fréquentaient l'école. Ceux qui manifestaient plus d'aptitudes et une intelligence plus éveillée recevaient une instruction plus étendue. S'ils en remplissaient toutes les conditions, on les admettait à l'état ecclésiastique. Dans le cas contraire, on obtenait pour eux une bourse dans un collège et plus tard dans une Université. Ce qui était d'autant plus facile que, d'une part, même au village, ne fût-il pas clerc-tonsuré, le régent connaissait le latin assez souvent, et que, d'autre part, ces bourses étaient fort nombreuses. M. Laurentie a compté jusqu'à 40.000 boursiers dans les collèges (2) et si, d'après le même auteur, l'Université de Paris disposait de 166 bourses en faveur des étudiants pauvres, nous savons que la générosité de nos prélats avait été admirable dans les créations semblables faites à Toulouse et à Montpel-

---

(1) Il y a quelques mois, une feuille périodique, *Villes et Campagnes*, donnait ces chiffres instructifs sur les victimes de la réforme scolai... « De 1882 à 1885, en trois ans, l'Etat a distribué au sexe faible 9.208 brevets supérieurs et 71.595 brevets élémentaires, ce qui donne une moyenne de 2.302 brevets supérieurs et 17.887 brevets élémentaires par an. Or, dans les 23.000 écoles de filles ne se produisent annuellement que de 1.700 à 1.800 vacances. Voilà donc, 18.399 personnes qui, tous les ans, se joignent à l'armée des gens sans travail ; car ces jeunes filles n'attendent d'autre situation que celle qui leur permettrait d'échapper au village et à la chaumière. »

(2) L'Etat de nos jours n'en offre que 4.949. Il a 181 collèges de moins que l'ancien régime et ne distribue l'instruction qu'à 1 enfant sur 37 ; on la donnait autrefois à 1 sur 31.

lier (1). Non, l'on ne voulait pas fermer au peuple les avenues de la science, le retenir dans des horizons étroits et bornés. Ces *aristocrates mitrés* ne croyaient pas que le talent fut l'apanage de la fortune. Ils l'accueillaient avec empressement, qu'il leur vînt de la chaumière ou du palais. Ils appréciaient sans doute comme une bonne fortune l'occasion de s'en faire les initiateurs ou les protecteurs. Les faits sont là pour le prouver. C'est un devoir pour nous de les opposer aux déclamations fantaisistes qui ont tenu lieu trop longtemps d'histoire. Nous devons ajouter que c'est aussi un bonheur : car c'est l'honneur de nos aînés qui est en question.

En faisant de l'instruction une loi obligatoire, le législateur se rend coupable d'une usurpation. Il viole les droits du père de famille ; il commet à son endroit un acte gratuitement injurieux. L'enfant n'appartient pas à l'Etat. Celui-ci en est tout au plus le tuteur, et cette tutelle, il la partage avec les représentants d'un Dieu, qui a d'autres droits que les siens et qui pourtant semble compter davantage sur l'amour dont le cœur du père et de la mère est le foyer. Que les tuteurs interviennent pour rappeler aux parents oublieux tout ce que nécessite l'éducation de leur enfant ; que l'Etat oblige le père à lui donner le pain de chaque jour jusqu'à ce qu'il puisse le gagner

---

(1) A côté de l'Université de Toulouse, de charitables prélats avaient créé plus de 100 bourses en différents collèges. Le collège Du Vergier et le collège Urbain V jouissaient, auprès des étudiants de Montpellier, d'un certain renom. Voir l'*Alman. de Toul.* 1754 et l'*Hist. de Montp.*, D'AIGREFEUILLE.

lui-même ; qu'il frappe d'interdit le bras assez brutal, assez lâche pour user de cruelles sévices contre un être chétif incapable de se défendre ; qu'il traite en criminel et qu'il punisse sévèrement le cœur dénaturé qui ose, dans cette jeune âme, ruiner une vertu qu'il devrait y édifier, oh ! nous le comprenons : en cela l'Etat est dans son rôle. Cette pénalité n'atteint que des coupables et l'Eglise lui donne l'exemple de telles sévérités. Les parents qui négligent de donner à ceux qu'ils ont engendrés le pain de l'intelligence et du cœur, sont tout aussi coupables que s'ils leur refusaient l'aliment nécessaire à la vie matérielle. L'Eglise les menace de l'éternelle damnation, et nous avons entendu Fléchier rappeler le décret du concile de Latran, qui l'autorisait à se servir contre eux des censures. Mais l'instruction n'a pas la même importance. Elle est plus ou moins utile selon l'avenir que l'on se propose, elle n'est jamais indispensable en ce bas-monde. Aux parents d'en connaître. Quoi qu'on en ait dit, l'Eglise n'a jamais songé à les dépouiller de ce droit. Elle s'est contentée de donner des conseils, de multiplier les encouragements, de créer des facilités et de provoquer ainsi le désir de s'instruire. Par son édit de 1698, Louis XIV voulait l'entraîner en dehors de cette voie. Malgré son zèle pour le salut des âmes précipitées dans l'erreur, elle résista par respect pour la liberté des consciences, mais aussi par fidélité à ses principes. Elle aurait eu pourtant des avantages à voir ne venir à ses catéchismes que des enfants préparés par le maître, qui les amenait aux jours et aux heures les plus commodes. Plutôt que de ne pas tenir compte des nécessités que les situations imposent, plutôt que de fouler aux pieds le droit des parents, elle préféra jeter ses prêtres à travers tous les chemins perdus de nos contrées montagneuses, leur imposer le rude labeur de courir de hameau en hameau, d'y réunir les bergers, les enfants que l'éloignement ou le travail retenaient loin de l'Eglise ; elle leur demanda de faire pour eux des catéchismes supplémentaires. Mais l'école ne devint pas obligatoire. Dans notre société, l'école obligatoire est une innovation révolutionnaire, empruntée aux doctrines payennes de Sparte.

Autrement digne de notre intérêt est un autre principe autour duquel les éducateurs modernes font beaucoup de bruit. Voudraient-ils s'attribuer le mérite de l'avoir, les premiers, mis en honneur. Bien que l'audace tienne trop souvent lieu de raison aux regards d'hommes inattentifs et trop prompts à se laisser déconcerter, il faudrait brûler tant de pages, escamoter tant de témoignages pour échapper à un humiliant démenti que la tentative n'est pas facile. De plus, tant de désintéressement cadre mal avec l'ordinaire égoïsme de la gent révolutionnaire. La gratuité, non, elle n'est pas de son crû. Si bien qu'elle ne sait pas la pratiquer. Au lieu de verser la taxe scolaire entre les mains du régent, bonhomme dont le cœur se laissait attendrir, le peuple doit la payer aujourd'hui à l'exacteur qui a mission d'être sans pitié.

En usage de très bonne heure dans l'Eglise, la gratuité y fut plus sincèrement pratiquée. On laissait aux riches généreux le soin de subvenir aux nécessités du professeur. Le concile d'Orléans en avait fait un devoir rigoureux. Le maître n'avait le droit d'accepter que les dons volontaires. Cela, afin que tous, riches et pauvres, eussent la possibilité de se faire instruire, mais aussi parce que, considérée comme un don de Dieu, la science ne pouvait sans simonie devenir l'objet d'un trafic.

Au XVII⁰ et au XVIII⁰ siècles, que fit-on de semblables principes en Languedoc ? A cause de son indigence, l'enfant désireux de s'instruire dût-il y renoncer ?

Que l'enseignement fût partout et entièrement gratuit, on ne saurait l'affirmer sans se mettre en contradiction avec grand nombre de documents. Les luttes religieuses avaient ruiné les institutions, diminué les ressources, appauvri les communautés. Bien des fondations avaient péri. Il fallait que le maître trouvât le moyen de vivre. Absorbé par ses leçons, il ne pouvait en demander le moyen à un autre état. De leur côté, obligés de secourir des misères non moins pressantes, nos évêques n'eurent pas le temps, ni la facilité d'établir partout la gratuité de l'école. Toutefois, nier que par tous leurs efforts, en consentant de lourds sacrifices et acceptant des charges fort onéreuses, ils n'aient essayé de l'obtenir, c'est leur refuser justice et fermer les yeux à une vérité plus éclatante que le soleil.

Ils ne se contentèrent pas, en effet, dans toutes leurs ordonnances synodales, de recommander au maître une égale affection, une même sollicitude pour le pauvre et pour le riche ; ils ouvrirent leur bourse, ils créèrent des rentes ; ils acceptèrent des engagements et contraignirent la communauté à endosser en partie les charges de l'école. Leur exemple entraîna des prélats, des chanoines et de simples prêtres. Nous aurons à signaler ce consolant spectacle à Montauban, à Alet, à Nîmes, un peu partout. Les religieux et les religieuses qui, dans chaque quartier de nos villes, ouvrirent des écoles gratuites, durent leur fondation à cette générosité.

Mais rendons-nous un compte plus exact de ce que nous appellerons la situation budgétaire de ces écoles : quelles étaient leurs ressources ? Elles puisaient à trois sources principales : les fondations, la rétribution publique, la rétribution scolaire.

Comme bien d'autres provinces, le Languedoc fit de nombreuses fondations en faveur de l'enseignement primaire. Elles ne sont pas rares au cours du XVIIe siècle ; au XVIIIe, elles abondent. Nous proposant de les relever au cours de cette étude, nous n'en étudierons ici que la valeur et la nature.

Leur nature ne varie guère. C'est une maison et un jardin affecté au local de l'école ou une rente pour le traitement du professeur ou encore une propriété dont les revenus servent au paiement de ce traitement. Quant à leur valeur, elle ne suffit pas toujours à l'œuvre désirée. Mais la générosité appelle la générosité. D'autres fondations se produisent et, en complétant la première, permettent le plein fonctionnement de l'école. Ainsi, à Béziers, en 1693, Et. Coustol lègue 200 l. de rente pour l'entretien de deux Sœurs chargées de l'instruction gratuite des petites filles. Le local manque. Un chanoine a la généreuse pensée de le fournir et l'école est ouverte. Or, voilà que sa jeune population s'accroît ; il faut élargir l'enceinte désormais trop étroite et augmenter le nombre des maîtresses. Un autre membre du chapitre donne une maison et un jardin, un don de 6,000 l. accroît providentiellement les ressources, aucune élève n'est renvoyée. Souvent des fondations plus riches ne suffirent pas à l'œuvre que l'on se proposait. La charité compte si peu ! plus elle a, plus elle dépense. Pour établir une école au faubourg des Carmes, l'évêque de Nîmes fut obligé d'ajouter aux largesses de M® de Ruotz et du baron de Loupian : celui-ci avait donné, pourtant, une rente de 450 l. et celle-là un capital de 12.000 l. On verra que le Clergé de certaines villes ne voulut pas laisser à d'autres l'honneur de faire une œuvre si importante. A Montréal, l'évêque et deux ecclésiastiques se réservèrent tout ce que réclamait le premier établissement des Frères. Plus généralement, cependant, l'évêque et son clergé se chargent de l'installation : ils achètent et disposent le local. Le traitement des maîtres est réglé par une rétribution publique.

Bien que nous l'appelions publique, cette rétribution n'était pas toujours à la charge des communes. Néanmoins, elles rentrent à peu près toujours en part dans cette obligation, à partir du décret de 1698. Les évêques l'exigeaient en s'appuyant sur cet édit royal. Quelque large d'ailleurs que fût cette part, combien rarement elle suffit à l'entretien de tout le personnel scolaire. Ordinairement, le diocèse intervenait. Dans le procès-verbal des Etats de Languedoc de 1789, l'Assemblée refuse 300 l. 7 sols que le coadjuteur de l'archevêque d'Alby sollicitait pour les Sœurs des écoles de Castres, et elle appuie son refus sur cet usage qu'elle déclare universel dans la Province : « Le diocèse paye le tiers du traitement (1) ». C'est à cela que les chapitres affectaient souvent les revenus de la prébende préceptorale : ce qui ne les empêchait pas de s'imposer, le cas échéant, extraordinairement. En quittant Béziers, les jésuites ayant laissé

---

(1) *Procès-verbal des Etats du Languedoc de 1789*, ms.

une situation obérée, le chapitre s'imposa 1,550 l. pour six ans (1).

Au cours de ces deux siècles, le traitement des maîtres subit des variations : mais ce fut toujours pour l'avantage de ces derniers. La communauté de Fontès qui, en 1668, donnait 9 l. au régent, lui en comptait 75, en 1690. Cinq ans plus tard, elle lui assurait un traitement de 157 l. (2). Aniane qui, en 1683, appelait de St-Thibery une maîtresse dont les consuls faisaient le plus grand éloge, ne lui accordait que 18 l. de traitement, tandis qu'à Mèze, à la même époque, l'institutrice en recevait 60 (3) et à Millau 120 (4). Dès 1698, la situation financière du maître se régularise. Son traitement devient plus uniforme et plus rémunérateur. La maîtresse a droit à 100 l., le régent à 150. A cette époque de la vie à bon compte, c'était passable. Les évêques, par le fait, étaient plus à l'aise pour rétablir la gratuité. Aidés des intendants, ils obtenaient finalement gain de cause auprès des municipalités. Quelques-unes n'hésitèrent pas, avec le temps, à se montrer fort généreuses. On vit ce traitement porté de 200 à 300 l. A Carcassonne, vers le milieu du XVIIIe siècle, la pension des Frères était de 400 l. (5) et trois Sœurs à Cette recevaient alors 850 l. (6). Mais un fait digne de remarque et tout à l'honneur des évêques de Montpellier, c'est que, d'après un relevé emprunté aux procès-verbaux des visites pastorales, partout où l'évêque était seigneur, le régent recevait 200 l. et la régente 150.

---

(1) Ant. SOUCAILLE. *Etude sur le collège de Béziers*, Bulletin arch.
(2) *Hist. pop. de Fontès*, par l'abbé Valentin BIGOT, p. 208.
(3) *Hist. de Mèze*, par FABRE.
(4) *Ecoles publiques à Millau*, par l'abbé ROUQUETTE.
(5) *Ann. des Frères*, II, v.
(6) *Arch. de la commun.*

Toutefois, soit que toutes les communautés ne se fussent pas rendues à l'édit de Louis XIV, soit que les riches aient eu le bon esprit de ne pas s'exempter du devoir de la gratitude, ou bien que les régents ne pussent autrement parfaire leur traitement, ou encore qu'ils aient été trop intéressés pour renoncer à un bon usage, même après 1698, l'on retrouvait ici et là la rétribution scolaire.

De tout temps, il est vrai, cette rétribution fut minime. La communauté se réservait assez souvent le droit de la fixer. En 1781, à Avignonet, on avait autorisé le prélèvement de 10 sols par mois sur les abécédaires, de 15 sols sur les écoliers qui commençaient à lire. Les écrivains payaient 20 sols et les arithméticiens 30 (1). Cette place était sans nul doute estimée lucrative. Les régents étaient moins bien rétribués à Mèze. Seuls les écrivains et les arithméticiens étaient taxés : ceux-ci à 15 sols et ceux-là à 10 sols (2). Cette n'avait autorisé qu'un prélèvement de 10 sols. Encore ce prélèvement n'atteignait-il là que le riche (3). C'était ainsi le plus souvent ; et voilà pourquoi, afin de prévenir un discernement intéressé et un favoritisme odieux, les évêques ne se lassaient pas de recommander au maître une égale sollicitude pour le riche et pour le pauvre (4).

Pour être complet, ajoutons que ces rétributions étaient acquittées parfois en nature. Dans le principe et assez longtemps, le régent reçut à Millau six setiers de blé et deux muids de vin (5). On vit à

---

(1) Arch. d'Avignonet, délibér. de la communauté.
(2) Hist. de Mèze.
(3) Arch. municip.
(4) Ordonn. synod.
(5) Ouvr. préc.

Mèze les parents héberger tour à tour le maître. Ce dernier usage provoqua les protestations de nos évêques. Ils ne le trouvaient ni digne, ni exempt de tout danger (1).

Dès lors, gratuité de l'enseignement pour le pauvre, obligation rigoureuse pour le père de famille d'élever chrétiennement ses enfants, d'en faire des hommes capables de servir utilement l'Eglise et la société, mais pleine liberté de lui donner une instruction en parfait accord avec sa situation et son avenir, sages limites fixées à un enseignement qui ne devait pas retenir trop longtemps sur les bancs de l'école le fils de l'artisan ni le dévoyer, enfin l'éducation chrétienne donnée comme but premier, nécessaire à cet enseignement : voilà quel fut, pour nos évêques du Languedoc, le programme qu'ils se proposèrent durant les deux derniers siècles.

Au moment de la Révolution, ce programme n'avait pas changé : nous en avons pour témoignage les Cahiers de 1789. Nul besoin de le faire remarquer, le vent était alors à la Réforme ; il était de mode de se plaindre ; et pour exprimer ses plaintes, cette époque s'était donné une littérature qui possédait au plus haut degré le don des larmes et toutes les richesses de l'élégie. Eh bien, dans notre Province et sur cette question, le Clergé ne trouve, alors, à peu près rien à modifier. Il est fidèle à son ancien programme, il demande seulement que le roi l'aide à le suivre. Qu'il nous soit permis d'en faire la preuve en inscrivant ici un relevé sommaire de ces Cahiers.

« On s'occupera de rendre l'éducation publique plus utile à la Religion et à l'Etat », lit-on dans ceux d'Annonay. Béziers réclame « l'établissement de deux

---

(1) Ouvr. précit.

corps réguliers chargés de l'éducation chrétienne, l'un desquels serait la congrégation de St-Maur ». — « La corruption des mœurs ne prenant sa source que dans le vice de l'éducation », Castres sollicite la formation d'un bureau « composé des membres du Clergé, sous la juridiction de l'Evêque et une pension pour les maîtres, méritée par de longs et pénibles travaux ». — « Faciliter une éducation meilleure pour la jeunesse, maintenir les petites écoles dans toutes les paroisses où elles sont établies, en créer dans celles où il n'y en a pas, en les obligeant à imposer, pour les honoraires de ceux qui y seront préposés, 200 l. dans les campagnes et 300 l. dans les villes » : voilà ce que demande le Clergé de Mende. Il pense soutenir les écoles en améliorant le sort du professeur. C'est aussi le vœu de celui de Montpellier. Au Puy-en-Velay, après avoir constaté l'excellent état de l'éducation dans le pays, on rend hommage « aux ordonnances des deux derniers siècles en cette matière », et l'on sollicite pour récompenser le dévoûment des maîtres et pourvoir à leur subsistance, la fondation d'une caisse de religion, composée de certains bénéfices inutiles. Interrogeons encore les Cahiers de Toulouse : « Qu'il soit établi dans les paroisses des campagnes et dans les petites villes des maîtres et des maîtresses d'école pour enseigner les éléments. Que ces maîtres et maîtresses ne puissent exercer leur fonction que sous l'inspection des curés et avec l'approbation de l'Evêque diocésain et soient révocables à volonté ; qu'il soit établi des Frères des écoles chrétiennes dans les principales villes de la sénéchaussée (1) ».

---

(1) *La question d'Enseignement en 1789, d'après les Cahiers*, par l'abbé E. ALLAIN.

Ainsi donc, partout dans le Clergé, c'est encore la même attention accordée à une question dont on proclame la souveraine importance, que l'on considère comme un point d'appui de la société civile et religieuse, de laquelle dépendent les mœurs et la félicité d'un peuple. Désireux de lui donner la meilleure solution, ils ne trouvent d'autre moyen que de mettre en vigueur les ordonnances de ceux qui les ont précédés à l'œuvre ; ils prônent les mêmes méthodes. Sans doute qu'ils en apprécient la sagesse et la raison ; sans doute aussi qu'ils en ont constaté les heureux résultats.

§ II.

L'éducation de la jeunesse ne fut jamais une question négligeable pour nos évêques. Nous venons de les voir à l'œuvre : ils s'efforcent de l'assurer par des règlements dont il est difficile de méconnaître la sagesse, et par une organisation simple, méthodique, sérieuse, autorisant les meilleures espérances. Les résultats aident puissamment à manifester la valeur d'une méthode. Puis, « dire est un, faire est un autre », et il fut toujours plus facile de disserter savamment que de bien agir. Voilà pourquoi il est pour nous intéressant d'en venir aux faits et d'interroger l'histoire. Elle nous dira si les résultats espérés ont été obtenus, et, s'ils ne l'ont pas été, elle nous aidera à faire le départ des responsabilités ».

Mais, avant tout, précisons le point de départ. Quelques-unes des pièces que j'ai déjà produites en fournissent la preuve. Bien avant le XVIIe siècle, l'enseignement public était organisé dans notre Province.

L'instruction n'y était pas le privilège du petit nombre. Le peuple y avait ses écoles un peu partout (1). Lorsque Michel Giustiniano, ambassadeur du doge à la cour de François I*r*, écrivait à Venise « qu'en France, toute personne, si pauvre qu'elle fût, apprenait à lire et à écrire », il n'exceptait pas le Languedoc. Le Languedoc, en effet, avait été mieux préparé à une plus facile diffusion du savoir par sa situation, par ses relations avec l'étranger et par un passé qui lui avait permis de se pénétrer davantage de l'esprit grec et latin. Nous avons eu l'occasion de signaler la place glorieuse, occupée par Toulouse et Montpellier, parmi les cités lettrées. Nîmes et Narbonne avaient, elles aussi, possédé de hautes écoles et dans des villes de second et de troisième ordre, comme Pézénas, Clermont, Millau, Sorèze, les Communautés avaient établi des collèges à la tête desquels elles avaient appelé les Dominicains, les Oratoriens, les Carmes, les Bénédictins, les Doctrinaires et les Jésuites (2).

Or, l'enseignement secondaire suppose l'enseignement primaire. On n'admettait d'ordinaire au collège que les enfants capables de suivre le programme de

---

(1) Dans une assemblée tenue en 1347, à Clermont-l'Hérault, 710 signatures sont recueillies. C'était à peu près le nombre des chefs de famille de cette petite ville. Tous n'avaient pas reçu une instruction secondaire. Où donc avaient-ils appris ? A l'école primaire. — Dans une pièce présentée au Parlement de Toulouse, en 1764, on lit qu'en 1517, un collège fut établi à Béziers pour remplacer les écoles Mages. Cette dénomination ne fait-elle pas supposer l'existence des petites écoles ? Annales de Clermont-l'Hérault... *Bulletin de la Société archéol. de Béziers*, 2* s. t. v. 1 livr.

(2) Les Dominicains sont à Clermont-l'Hérault ; les Oratoriens à Pézénas et à Agde ; les Carmes à Millau ; les Bénédictins à Sorèze, où ils ont 500 élèves ; les Doctrinaires à Narbonne, Limoux, Toulouse, Chabeuil, Lavaur, Castelnaudary, Beaucaire, Tarbes ; les Jésuites à Montpellier, Nîmes, Béziers, Carcassonne, Alby, Rodez, Tournon, Castres, Le Puy, Aubenas, Montauban.

la sixième, et les régents qui les initiaient aux études préparatoires n'étaient pas le plus souvent attachés à la maison. C'est donc ailleurs et dans d'autres écoles que l'enfant apprenait à lire et à écrire (1). Le concile de Narbonne, tenu en 1551, rédige des règlements pour de semblables écoles ; elles existaient donc, et le XVIIe siècle n'avait pas à créer de toute pièce l'enseignement primaire en Languedoc. A l'ombre de tout clocher, là aussi, l'Eglise avait établi un maître. Mais hélas ! l'hérésie était venue. Avec les ruines morales, elle avait accumulé les ruines matérielles : il fallait les relever. Si nous n'en tenions pas compte, nous serions injustes à l'endroit de ces évêques qui, au lendemain de luttes dévastatrices, eurent à discipliner des peuples dont l'irritation n'était point calmée. Ne nous étonnons pas que les premières années de ce siècle n'aient pas été plus fécondes. Du reste, elles n'ont pas été stériles, et, dès cet instant, il est aisé de constater dans les progrès de l'instruction et dans sa diffusion à travers notre pays une marche ascensionnelle qu'arrêta la Révolution.

Arrêtons-nous tout d'abord à relever le nombre de ces écoles.

Nos évêques se hâtèrent de les rendre au public partout où une lutte fratricide les avait fermées. Naturellement, les villes bénéficièrent les premières

---

(1) Les Jésuites ne devaient pas accepter cet enseignement. On ne le trouve pas inscrit dans le programme du collége de Béziers, et M. Muteau dans son livre, *Les colléges en province*, p. 258, rapporte qu'en acceptant le legs Gontrans, à Dijon, ils récusèrent l'obligation d'entretenir dans le collége un régent des petites écoles.

de ces établissements nouveaux. Les ressources y étaient plus abondantes. La présence de l'évêque rendait aussi plus ardent le zèle de ses prêtres, en même temps qu'elle assurait la plus prompte et plus fidèle exécution de ses ordonnances. De plus, la plupart de ces régents vivaient de leur état. Pourquoi ne seraient-ils pas venus plus nombreux et plus empressés là où ils avaient à espérer un meilleur gain ? A côté des Doctrinaires qui, à Chabeuil, Toulouse, Narbonne, Limoux, etc., luttaient de zèle avec les Ursulines pour l'enseignement du peuple, des régents, s'appliquant à l'enseignement primaire, ouvrirent de très bonne heure des écoles. Ceux qui dirigeaient, à Béziers, les écoles Mages, ne disparurent pas à la création du collège. Les latinistes leur échappant, ils durent se contenter de baisser le niveau de leur programme. Sous le nom de pédagogues, nous les surprenons, en 1599, surveillés par les Jésuites auxquels le collège avait été confié.

Il nous est aisé de constater qu'il en est ainsi partout ailleurs. Les délibérations des communautés, au moment où sont appelés les disciples du B. de la Salle, nous en fournissent la preuve. Tantôt, pour justifier les créations nouvelles, elles exposent les pauvres résultats obtenus par les régents ; tantôt, elles comparent à l'ancien état de choses l'ordre et le progrès obtenus par les nouveaux maîtres ; elles en font honneur à ceux-ci et en témoignent de la reconnaissance aux évêques qui les ont appelés. D'autrefois, elles font mention de l'ancien titulaire à l'occasion de son traitement que l'on consent à augmenter en faveur des maîtres religieux. Nous trouvons ces renseignements dans les archives municipales de Nîmes, d'Alais, de Mende, de Montréal et de bien d'autres communautés. Des écoles existaient donc dans chacune de nos villes dès le commencement du XVIII° siècle et l'*Almanach du Languedoc* n'exagérait pas lorsque, en 1751, il le signalait. Ajoutons qu'au prix de bien lourds sacrifices, se chargeant à peu près partout des frais d'installation, créant des rentes et parfois même payant les fournitures, nos évêques avaient, à cette époque, placé des religieux à la tête de ces écoles. Certains même avaient obtenu que quelques gros villages jouissent de ce précieux avantage. On trouvait des frères aux Vans, à Gignac, des Ursulines à Pignan, Mèze, Malzieu, Saugues, Montpezat, des Sœurs Noires à Florensac, des Hospitalières à Poussan, Capestang (1), etc. La sollicitude de ces prélats ne se bornait donc pas à leur ville diocésaine. Les populations rurales étaient, elles aussi, l'objet d'un intérêt tout paternel.

Les évêques d'Alet le prouvèrent en leur envoyant pour les instruire de vertueux jeunes gens qui se destinaient au sacerdoce. Ceux-ci se formaient d'abord et subissaient une sérieuse épreuve sous leurs regards ; ils allaient ensuite, remplis d'un zèle de néophyte, préluder à leur ministère sacerdotal, en se livrant à l'éducation des enfants de la campagne. Assurément, les villages de ce diocèse furent privilégiés, car les jeunes filles eurent aussi des maîtresses de choix. Les régentes, dont Mgr Pavillon fut le fondateur et le père, apportaient à l'école les garanties et les avantages des maîtresses congréganistes. Bien qu'elles ne fussent pas liées par des vœux, revenant tous les ans

---

(1) Dans le diocèse de Toulouse, les Filles de la Providence enseignaient à Bessières, Fronton, St-Julia, Verdun ; Miremont avait des Doctrinaires et Grenade d'autres religieuses. *Arch. dép.* G. 513, 536, 541, 560, 619.

passer trois mois à la maison-mère, elles s'y retrempaient dans l'esprit de leur vocation et se conservaient dans les vertus nécessaires à leur délicate fonction. Aussi furent-elles appelées de tous côtés (1) et leur pensionnat d'Alet eut un certain renom.

Sans être aussi bien partagés, les villages des autres diocèses sont à peu près tous dotés de leur régent et de leur régente. Avant la Révolution, rares sont ceux qui en sont dépourvus. Le diocèse d'Agde n'en compte pas un seul qui n'ait sa régente. A Mèze, Florensac, Vias, St-Thibéry, Loupian, Pomerols, Castelnau-de-Guers, St-Pons de Mauchien, Nézignan, Pinet, Aumes, les garçons n'avaient rien à envier aux jeunes filles, ils avaient leur régent (2).

L'Instruction était tout aussi répandue dans le diocèse de Montpellier. Dans une petite ville comme Lunel, l'on n'est pas étonné de rencontrer deux maîtres et quatre maîtresses ; que Brissac, village de 563 habitants, ait eu trois écoles, que St-Drézery, St-Jean de Buèges, Laroque, St-Georges, Mauguio, qui n'en comptaient pas moins de 200, en aient eu deux, l'une pour les garçons, l'autre pour les filles : rien encore de bien surprenant ; mais comment ne pas être heureusement étonné en voyant des hameaux, tels que Garrigues et Restinclières, dont le premier se composait de 65 âmes, et le second de 70, en possession d'une école (3). N'a-t-on pas le droit de conclure avec M. de Beaurepaire : « ...il ne faut plus douter qu'il

---

(1) En 1752, elles étaient établies à Alet, Belcaire, Delvis, Coriza, Caudiès, Escouloubre, Espéraza, La Tour, Quillan, Roquefeuille, Puylaurens, Rouze, St-Félix, St-Paul de Fenouillet, Fournia, etc. (*Recherches historiques sur la ville d'Alet*, par l'abbé LASSERRE).

(2) Dépenses des Commun. du diocèse d'Agde. (*Archiv. nat. H. 1030.*)

(3) Procès-verbaux des visites pastorales, dernier vol., fonds des évêques, arch. départ. Montpellier.

y en ait eu, sinon dans toutes, du moins dans la plupart des paroisses rurales et surtout dans celles dont la population était considérable. »

Ces mêmes constatations, dans les autres diocèses, nous dispensent, dès lors, de transcrire de longues énumérations toujours fastidieuses pour le lecteur. Ainsi, puisque Liausson, bourg de 121 âmes, avait son école (1), on ne se hasarde point trop à affirmer que les évêques de Lodève avaient mis, à répandre l'instruction, autant de zèle que ceux d'Agde et de Montpellier. De même, pour l'honneur de nos évêques de Béziers, il n'est point nécessaire de rappeler qu'à Fontès (2) se donna l'enseignement secondaire, que trois Bénédictins ouvrirent un collège à Roujan (3) ; il suffit de mentionner les écoles de Peret, d'Usclas, du Mas Blanc, de Fos : ce dernier village ne comptait que 155 habitants (4).

Il est évident qu'on ne s'était pas contenté de légiférer, on avait veillé à la fidèle et prompte exécution des ordonnances scolaires. Semblables créations dépendaient beaucoup, il est vrai, des curés et des communautés ; mais nos prélats savaient les stimuler et amener celles-ci à accepter les sacrifices qu'elles nécessitaient. C'est là ce que nous rediraient celles de nos archives, qu'un désastreux vandalisme a détruites, ou que nous n'avons pu encore consulter. Nous le regretterons moins, du reste, si nous observons que, par le fait des translations, alors très fréquentes, les évêques, dont nous avons déjà signalé le zèle, avaient pu ou allaient bientôt pouvoir l'exercer dans les

---

(1) *Monographie* d'Albert FABRE.
(2) Valent. BIGOT, p. 208.
(3) *Hérault illustré*, écoles de R., p. 13.
(4) *Monographies* d'Albert FABRE.

diocèses voisins. Mgr François de Fouquet échangea l'évêché d'Agde pour l'archevêché de Narbonne. Mgr de Villeneuve passa du diocèse de Viviers à celui de Montpellier. Quand il vint occuper ce même siège, Mgr Georges Lazare de Charency venait de St-Papoul et le cardinal de Bonsi, qui gouverna tour à tour les églises de Narbonne et de Toulouse, avait déjà fait ses preuves à Béziers (1). Aux divers postes que la Providence leur assignait, ils apportaient les mêmes vues avec la même ardeur pour les réaliser. Ils n'y trouvèrent pas toujours d'égales ressources : cela put amoindrir les résultats, mais non les compromettre entièrement.

Aussi, lorsque dans l'Assemblée de 1750 (2) nous entendons ces évêques se plaindre de la pénurie de maîtres, lorsque, dans ses Cahiers, le clergé de Mende et de Toulouse en réclame un plus grand nombre, gardons-nous bien de conclure que les écoles manquaient dans notre province : ce serait ne tenir aucun compte des documents que nous avons interrogés, et écarter arbitrairement les inductions qu'ils imposent. Du reste, le clergé de ces deux villes ne rencontre, dans la province, d'autre écho que le tiers-état du Puy. Encore faut-il observer qu'au Puy l'on se plaint pour les voisins et que l'on se montre fort exigeant à Mende et à Toulouse (3). L'on y demande l'enseignement pour chaque commune : ce qui entraîne pour chacune

---

(1) *France pont.*, Fisquet.
(2) *Procès-verbal de cette Assemblée.*
(3) L'abbé Allain, *L'enseignem. prim. en 1789, d'après les Cahiers.* Si nous devions nous en rapporter absolument aux procès-verbaux des visites pastorales, dont M. l'abbé Douais vient de faire le dépouillement, Toulouse, aux deux derniers siècles, aurait eu des Évêques assez zélés pour ne pas négliger dans leurs visites cette question des

d'elles l'établissement de deux écoles, car nos évêques ne transigeaient pas sur la question des écoles mixtes. Ces vœux accusent l'embarras, l'opposition que l'on rencontrait dans certaines communes ; ils révèlent le désir ardent d'étendre absolument à tous le bienfait de l'instruction : qu'ils n'égarent donc pas notre jugement et ne diminuent en rien un tribut d'admiration bien légitime.

Nous ne le refuserons pas, ce tribut, si nous rapprochons d'une telle sollicitude les restrictions égoïstes, les limites étroites apportées par la Révolution dans ce même domaine de l'enseignement primaire. La loi de brumaire, an III, n'admettait qu'une école avec un maître et une maîtresse par 1000 habitants. Daunou, dans celle qu'il présentait, l'an IV, n'accordait seulement qu'un ou plusieurs maîtres à chaque canton. En fait, pendant la période révolutionnaire, chaque canton n'eut pas son école dans notre pays. On écrivait, en effet, de l'Aude : « L'enseignement public est presque nul. Dans les campagnes, il y a peu d'instituteurs primaires », et de la Lozère : « Il n'y a, dans la plupart des communes, ni instituteurs ni institutrices. » L'Hérault avait aussi à se plaindre. Le sous-préfet de Béziers écrivait, l'an VIII : « L'exécution des lois sur l'instruction publique a tellement éprouvé d'obstacles qu'elle a été paralysée dans presque toute la république et particulièrement dans mon arrondissement (1). » Là, on avait peu

---

écoles. Mais ce diocèse aurait été moins richement pourvu que ceux d'Agde, de Montpellier, d'Alet et du Puy. Le relevé des signatures fait par M. Maggiolo ne permet pas de le croire. Il donne à ce diocèse le 76 o/o et le range parmi ceux où, avant 1789, l'instruction était le plus répandue.

(1) Valent. Bigot, 530.

d'instituteurs et ceux que l'on avait étaient « ineptes et sans aveu ». Le révolutionnaire Santonax avait bien raison : « L'ancien régime avait mieux fait. » Mais, inutiles protestations ! comme de nos jours, le budget se refusait à la réalisation de vœux si légitimes. C'est ce que répondait Fourcroy : « Il est impossible à un gouvernement de suffire aux frais de l'instruction publique et de soutenir le fardeau d'une organisation semblable (1). » Mais ne lui était-il pas facile de laisser cette institution aux mains qui l'avait mise en œuvre et qui la faisait vivre ? C'est une folie de renverser ce que l'on est obligé de relever le lendemain, c'est un crime lorsque la main qui détruit doit être impuissante à réparer sa folie.

.

Nos maîtres d'école, il est vrai, n'habitaient pas les palais somptueux qu'on leur élève aujourd'hui. Leur traitement était assurément inférieur à celui qu'ils reçoivent de nos jours. Leur situation appelait de nécessaires améliorations. Fallait-il pourtant les poursuivre avec mesure et prudence. Que l'on émonde l'arbre dont les pousses excessives et une végétation trop riche épuisent la sève indispensable à la maturité du fruit : c'est sagesse ; mais pourquoi l'arracher ? On songeait, d'ailleurs, à ces réformes ; et, des premières années de l'époque dont nous nous occupons aux dernières, le temps n'avait pas été perdu. L'on avait beaucoup fait pour rendre meilleure et plus satisfaisante la condition du maître.

Notre Province avait en cela donné l'exemple. Le

---

(1) *Arch. parle.*, 2ᵉ série, t. III, p. 351.

traitement y était en général plus élevé que partout ailleurs. L'Inventaire des archives du Tarn en fournit la preuve pour ce département (1), et il est facile de constater qu'il en était ainsi pour les autres. Durant le XVIIe siècle, ce traitement oscille entre 60, 80 et 90 livres. Cependant, en 1609, il s'élève à 100 l. à Roujan (2). D'autre part, M. Maggiolo assure que l'on donna toujours 140 l. au régent de St-Julien-d'Arpaon, dans les Cévennes (3) et, lorsque, en 1687, l'archevêque de Toulouse appela trois régentes à la tête des écoles charitables des faubourgs, la ville leur alloua la somme de 187 l. à chacune (4).

A partir de cette date, l'augmentation se généralise. Ces traitements atteignent 150 l. et 100 l. Ainsi, rares sont ceux qui, dans le diocèse de Montpellier, ne dépassent pas, alors, 120 l. C'est là ce que l'on donne à Pinet, dans le diocèse d'Agde ; Aumes n'accorde même que 75 l., mais ce sont là des exceptions (5). Pauvres ou récalcitrantes, les communautés de ces petits villages n'avaient répondu qu'à demi à la demande de l'Evêque et du Roi.

Les villes donnaient meilleur exemple. Nîmes comptait au régent une pension de 200 l. et, quand vinrent les disciples du B. de la Salle, elle se montra encore plus généreuse en sa faveur. Cette faveur, les Frères l'obtinrent partout où ils s'établirent. Les évêques profitaient de ces nouvelles fondations pour imposer leurs vues, (6) et, assurant au maître un

---

(1) *Invent.. C. de 1095 à 1099.*
(2) *Ecoles de Rouj.* préc.
(3) *De l'enseign. dans les Cévennes avant et après 1789*, p. 27.
(4) St-Charles, *Instr. prim. en Languedoc.* — Opusc. de quelques pages, extrait du *Journal de Toul.*
(5) *Dépenses du dioc. d'Agde* précit.
(6) La décision du Conseil d'Etat, dans sa séance du 7 août 1745,

traitement suffisant, obtenir l'absolue gratuité de l'école. Les Cahiers de 1789 en font foi : l'on avait l'intention d'étendre ces réformes aux moins populeux de nos villages. Au Puy, le Clergé demandait, à cet effet, la création d'une caisse. Celui de Mende voulait que l'on assurât au régent un traitement de 200 l. dans les campagnes et de 300 l. dans les villes (1).

C'était penser aux intérêts du maître. L'on n'avait même toléré la rétribution scolaire que parce qu'elle était nécessaire à rendre suffisamment rémunératrices certaines situations. Grâce à cette ressource, nos pédagogues n'étaient point trop à plaindre. La plupart s'étonneraient bien de la compassion qu'on se plaît à leur accorder ; car, enfin, si leur situation avait été si misérable, aurait-elle trouvé tant de compétiteurs ? Or, en 1618, la régence de l'Isle en Dodon est mise au concours et l'on a le soin d'écarter les Dominicains (2). A Mauroux, en Gascogne, deux prêtres se disputent la place, et la municipalité, assurée que les 60 l., attachées à la régence, lui permettent de tenir la dragée haute, se montre assez difficile pour ne vouloir ni l'un ni l'autre des deux prétendants (3). Même compétition dans un petit village de la Gironde (4). Elle se reproduit à Claviers, dans le Var (5). Ne voyait-on pas des maîtres arriver à l'ai-

---

prouve que nos évêques, préoccupés d'établir partout la gratuité de l'enseignement, n'étaient pas toujours secondés. L'évêque de Montpellier avait eu la pensée d'affecter à cette œuvre les revenus d'une prébende ; sa demande fut rejetée. *Mém. du Clergé*, t. 1".

(1) L'abbé ALLAIN. Le Clergé de Metz et du Boulonnais demande aussi 300 l., Neauphle-le-Château en réclame 400 l., ouvr. précit.
(2) ST-CHARLES, *l'Instr. pr. en Lang.*
(3) *Revue de Gasc.*, juillet 1873.
(4) *Rev. des quest. histor.*, *l'enseign. pr. avant 1789*, p. 139.
(5) *La famille et la société en France avant la Rév.*, 286. Ch. de RIBBES.

sance ? A Auriac, les régentes s'achètent une maison. A Versigny, (1689-1777) le régent Bernout et son successeur, Creveau, deviennent tour à tour greffiers, notaires, procureurs et lieutenants de justice (1). M. Allain signale des faits analogues dans le Bordelais. Il en était ainsi dans la plupart des diocèses du Languedoc.

C'est évident, l'on a abusé du noir dans le tableau que l'on a fait du maître d'école sous l'ancien régime et l'on aura mis la même exagération à faire celui de la maison scolaire. L'auteur de l'*Escole paroissiale* réclame, en effet, « une salle de 26 pieds de long sur 17 à 18 de large et 12 de hauteur, avec de nombreuses fenêtres garnies d'un châssis très clair, que l'on devait avoir soin d'ouvrir dès que les enfants étaient sortis et même pendant les leçons quand l'air était doux ». S'y conformait-on ?

M. Babeau nous a donné le devis de quelques-unes des maisons scolaires du département de l'Aube. Beaucoup ont, au moins, ces proportions ; il en est qui ont, en outre, un jardin. Nous n'avons pas de devis à présenter pour prouver qu'en Languedoc le local affecté aux écoles était tout aussi convenable ; mais le chiffre du loyer n'est-il pas une indication suffisante ? La communauté d'Auriac payait annuellement 15 l. pour cette location (2). On payait 20 l. à Roujan (3) et 24 à Balaruc (4). A ce prix, il était facile d'avoir alors dans un village un local convenable. D'ailleurs, assez souvent, comme à St-Georges-d'Orques, les communautés affectaient à cet usage la

---

(1) *Bullet. du B. de la Salle*, avril 1886.
(2) *L'Instruction pr. en Languedoc*, p. 22.
(3) *Ecoles de Roujan.*
(4) *Monogr.* d'Ai. Fabre.

maison commune. Nous ne parlons pas des vastes établissements que l'on ouvrit dans les villes à l'enseignement congréganiste. Ceux qui ont qualifié de tanière ou d'écurie les écoles d'autrefois, n'ont pas sans doute mis en cause le local de nos villes. Même avant le XVII° siècle, nous savons que l'instruction à Béziers se donnait dans un édifice assez vaste. Une sentence du sénéchal l'adjugea, en 1590, à la communauté des Pères de la Merci, qui, après une longue absence, avaient à leur retour trouvé leur couvent démoli (1). Au surplus, nos ancêtres n'étaient pas habitués au confortable moderne. Ils savaient vivre de peu et n'avaient pas à compter avec tous les besoins que nous nous sommes créés. Si défectueux que des recherches trop incomplètes nous permettent de le supposer, cet état de choses ne dut rebuter ni les maîtres ni les élèves.

L'on a pourtant soutenu que la modicité des prix avait rendu impossible le choix des maîtres et que par le fait les municipalités et les évêques s'étaient vus obligés d'appeler des incapables : autre exagération. Essayons de la réduire à sa juste valeur.

Que cette pénurie se soit fait sentir à certaines époques, qu'à ces heures difficiles certains villages aient manqué de maîtres, on ne peut le contester ; pas plus qu'il n'est contestable que, dans ces cas, municipalités ou évêques préféraient d'ordinaire attendre plutôt que de confier l'enfance à des indignes ou à des incapables.

---

(1) *Archives de Béziers*, reg. de omnibus.

Mais, le plus souvent, ce choix ne manquait pas. Les Jurandes, établies pour l'examen professionnel ou les *disputes des écoles*, pouvaient se montrer difficiles, et les communautés exigeantes. Outre le titulaire officiel, Aniane avait, en 1687, deux maîtres d'école (1). A Brissac, à côté de l'école communale, enseignait un instituteur libre (2) ; Mèze en avait plusieurs (3). Puylaurens avait aussi deux régents (4). Combien d'autres villages eurent ce même avantage (5). Aussi, qu'une vacance se produise, que l'on ouvre un concours : le jury d'Hyères, en Provence, a écarté un professeur du collège de Toulon (6) : l'on peut user de la même sévérité en Languedoc. A Montesquieu, village de 300 habitants, ne voit-on pas se présenter un lieutenant de cavalerie en concurrence avec un homme du métier et celui-ci, dans une thèse latine, répondre sur la rhétorique, les humanités, la grammaire « *et de cœteris quæ ad pueros erudiendos apta esse judicabilis* (7) ». Assez souvent, en effet, nos pédagogues sont latinistes. Les curés y trouvent leur avantage et les municipalités sont heureuses d'offrir à leurs enfants bien doués le moyen d'échapper aux étroites limites de l'enseignement primaire. Que le candidat ne se présente pas sans un certificat de capacité. A Avignonet, comme ailleurs, il serait impitoyablement refusé. A Béziers, ce certificat doit être signé d'un doc-

---

(1) *Arch. de la Comm. délibér.*
(2) *Procès-verbaux* des visites pastor. Fonds des évêques. *Arch. départ. de l'Hérault.*
(3) *Monographie* d'Al. Fabre.
(4) St-Charles. *Instr. pr.* p. 22.
(5) De ce nombre Verdun, Auriac, Caraman, Grenade, l'Isle Jourdain, St-Félix de Caraman, St-Julia de Gras, au diocèse de Toulouse. *Arch. dép.* G.
(6) Charles de Ribbes, ouv. préc. 284.
(7) *Revue de Gascogne*, mai, 1873.

teur en théologie. Du reste, une fois en fonction, le maître est surveillé : les doctes du pays sont consultés. Sans doute, toutes les municipalités ne comptent pas, dans leur sein, comme celle de Millau, neuf docteurs en droit ou en médecine (1) ; mais tant s'en faut que leurs membres soient tous illettrés (2). Aussi bien, le curé n'est-il pas là ? le pédagogue devra se bien tenir. Ni l'administration ecclésiastique, ni l'administration civile ne sont disposées à sacrifier l'instruction et l'éducation de la jeunesse du pays.

La municipalité de Fontès est sans pitié pour la régente Rebouilh qui, au dépens des petites filles dont elle devrait prendre grand soin, prolonge beaucoup trop les préludes de son mariage (3). En 1732, la régente de Roujan est incapable : trois délégués se transportent à Béziers pour supplier l'évêque de l'examiner « sur sa capacité, sa littérature et sa teinture (4) » afin que, édifié, il leur en choisit une autre. En 1784, à Blagnac, un certain Banère se permet de négliger sa classe : signification lui est faite, par voie d'huissier, de mieux remplir ses obligations (5). A Montaren, c'est un faiseur de bas que l'on condamne à 100 l. d'amende pour s'être ingéré, sans autorisation, dans l'enseignement (6).

---

(1) *Les écoles publiques à Millau*, p. 30.
(2) Aniane n'admettait jamais un illettré à la charge de 2ᵉ consul.
(3) Valent. Bio. ouv. préc. appendice 4.
(4) *Ecoles de Roujan*, p. 13.... Vieux, peu assidu, le régent de Merville est obligé, sous peine d'être interdit, de comparaître, dans le délai de 15 jours, devant le vicaire-général pour être sérieusement examiné. *Arch. dép. de Toulouse*. G. 558.
(5) St-Charles ouv. pr. p. 22.
(6) Ibid. p. 25.... Une ordonnance de M. Lenain, datée du 31 déc. 1744, condamne, à la fois à la même peine et pour le même motif, Franc, Cotte, J. Menuet, Claude Bois et J. Bourette, du lieu de Bronac, diocèse du Puy. *Arch. de la H*-Garonne, C. 134.

D'autre part, les évêques ne sont pas moins rigoureux. Ils n'admettent pas que l'on se soustraie à leur contrôle, fût-on moine et fort instruit. A Cette, les Picpus sont invités à cesser leurs leçons de grec et de latin. Leur tort est de ne pas s'être fait autoriser. Indignes ou incapables, quelques régents sont dans la même ville dépouillés de leur fonction par la même autorité (1). A Villefranche-du-Lauraguais, la municipalité a beau intervenir pour protéger son régent, dépourvu de lettres d'approbation, Millé doit renoncer à sa charge (2).

Dès lors, séminariste comme dans les campagnes d'Alet, clerc-tonsuré ou vicaire comme à Fontès et Puissalicon, latiniste comme à Montesquieu et ailleurs, choisi par la communauté, approuvé par l'Evêque, surveillé par les deux administrations, le maître suffisait à sa charge. Tout ce que nous ont appris les résultats de nos recherches nous oblige à n'accepter que sous bénéfice d'inventaire les moyennes de signatures, établies par le docte professeur en Sorbonne, M. Maggiolo. D'après cette statistique, le Languedoc n'aurait offert qu'une moyenne de 35 o/o de signatures (3). Il est difficile de croire que l'organisation, dont nous venons d'étudier le fonctionnement, ait fourni un aussi pauvre résultat. L'on n'a pas perdu le souvenir des 710 signatures recueillies à Clermont au XIVe siècle. Notre Province aurait alors bien déchu. Mais rassu-

---

(1) *Arch. commun. de Cette.*

(2) St-Charles. *ouv. pr.* p. 24... A Pompignan en 1742, à Beaufort en 1593, surpris sans lettre d'approbation, les maîtres, bien qu'ils soient prêtres, sont obligés de les solliciter. *Arch. de la H[te]-Garonne,* G. 538, 524.

(3) Il est juste de dire que M. Maggiolo lui-même n'accorde pas à ses chiffres une confiance absolue.

rons-nous. Les registres de 1699 à Aniane portent 38 signatures : ceux de 1710 en portent 58. Dans une assemblée tenue en 1668, à Fontès, sur 42 présences, 41 signatures sont recueillies. De tels chiffres sont significatifs et battent en brèche l'enquête insuffisante sur laquelle s'appuyent ceux de M. Maggiolo. De plus, que l'on compulse les œuvres, que l'on étudie les registres : en vérité, ni le bon sens, ni la grammaire n'ont point trop à se plaindre et nous comprenons qu'après avoir dépouillé les Cahiers de nos villageois des Cévennes, le même professeur leur ait rendu ce témoignage : « L'élévation des idées et le style, tout atteste une intelligence cultivée et une haute moralité ».

Malgré ces résultats, il y a loin de semblables écoles à l'idéal que nos évêques se proposaient. Trois choses manquaient au régent : la formation, le désintéressement, la stabilité.

Tout état, en effet, exige une formation préalable et le professorat n'échappe pas à cette nécessité. Le savoir est indispensable au maître, mais le savoir ne lui suffit pas. D'autres qualités s'imposent à celui qui veut communiquer aux autres ce qu'il sait. Or, ces qualités tiennent davantage du cœur que de l'esprit. Cela est vrai, surtout lorsque le professeur a la prétention d'être éducateur. Ce dernier rôle est infiniment délicat. Nul ne le remplit avec fruit, aurait-il de la science et des vertus, s'il n'a, en plus, des aptitudes qui ne se développent que grâce à des exercices faits de bonne heure sous le regard de maîtres expérimentés. Il faut un séminaire, un noviciat, une école normale, où celui qui se destine à cette difficile mission puise des méthodes éprouvées et acquière de la facilité pour les mettre en exercice.

S'ils avaient existé, de tels établissements eussent permis à l'Evêque de faire son choix à meilleur escient. Quand, devant lui ou devant son délégué, se présentait un candidat muni du diplôme et du certificat de bonne conduite, était-il possible de refuser l'autorisation à la communauté qui l'avait agréé ? On n'eût pas hésité si l'on avait deviné que le candidat diplômé manquait d'aptitudes pédagogiques. Mais sur quelles notes appuyer ce jugement ? Une expérience était nécessaire ; parce qu'elle n'avait pas précédé l'entrée en fonction, elle se fit bien souvent au détriment des élèves. La constatation de cette nécessité avait dicté à Mgr Pavillon, à l'abbé Démia, au P. Barré leurs essais. Elle inspira à l'Eglise la création des nombreux instituts voués à l'enseignement. Le Clergé de 1789 s'en inspira lui-même pour formuler ses vœux (1).

Les élèves, d'ailleurs, n'auraient point été seuls à retirer avantage de ces fondations. Sortis de la même école, initiés aux mêmes méthodes, les régents d'un même diocèse auraient formé, sous la juridiction de l'Evêque, un corps plus étroitement uni. Non seulement les évêques n'auraient plus éprouvé dès lors d'embarras pour répondre à la demande des municipalités, mais les maîtres auraient été désormais assurés d'obtenir un poste. On ne les aurait plus vus, oiseaux de passage, la plume au chapeau, courir de village en vil-

---

(1) Onze cahiers demandent un établissement où se formeraient les bons maîtres et les bonnes maîtresses. De ces onze Cahiers, cinq appartiennent au Clergé, quatre aux paroisses rurales, deux au Tiers-Etat.

lage, suspects aux uns, inconnus de tous. Organisée partout sur les mêmes principes, leur fonction les eût attachés davantage, parce qu'ils l'auraient trouvée plus facile. Obtenant de meilleurs résultats, ils se seraient assuré, sans trop de peine, l'estime et la gratitude des familles.

Toutefois, pour acquérir cette estime, aurait-il fallu qu'ils l'accordassent eux-mêmes à leur fonction. Un certain nombre ne voyait en elle qu'un trafic. Pour ceux-ci, l'enseignement était un métier : ils l'exploitaient de leur mieux. La commune dans laquelle ils s'étaient établis n'était certaine de les conserver que le temps nécessaire à obtenir un poste plus rémunérateur. Combien gagne-t-on ici ou là ? voilà la question qui les inquiétait avant toute autre. Cette pensée les avait arrachés à un premier poste ; elle ne devait pas leur permettre long séjour dans celui qu'ils remplissaient. Ce fut la cause, dans quelques communes, de vacances trop fréquentes et trop longues, nuisibles au progrès et à l'éducation de la jeunesse.

On le comprend, la dignité de la fonction s'accommodait fort mal de cet esprit mercantile. Plus de désintéressement lui aurait mieux convenu. Mais persuadez à un père de famille qu'il a le droit de négliger son pot-au-feu, qu'il n'est pas tenu de bien caser sa progéniture et d'assurer la tranquillité de ses vieux jours. Celui qui tenterait une conversion semblable réussirait mal, pour le motif bien simple qu'il aurait peur, en l'opérant, de faire une œuvre mauvaise. La famille a ses droits et souhaitons ne rencontrer jamais un père qui les méconnaisse.

Allons-nous conclure qu'il y a incompatibilité entre les droits de la famille et les devoirs de l'éducateur, que celui-ci est nécessairement voué au célibat ?

Deux fois, en ce siècle, la question s'est imposée à l'attention de nos législateurs. La seconde fois, ils lui ont donné une solution entièrement opposée à celle qu'ils avaient tout d'abord proposée. C'est la passion qui la portait à la tribune, l'an X de la République. Tous les plans d'éducation, éclos dans la cervelle de nos législateurs révolutionnaires, avaient piteusement échoué. Les écoles officielles étaient restées vides tandis que se remplissaient celles que des prêtres ou des religieux avaient ouvertes depuis la suppression du culte catholique. Au lieu de céder à la pression de la foule qui fuyait les premières parce que l'on n'y enseignait pas le catéchisme et que l'on inoculait les principes révolutionnaires, par dépit autant que pour rendre plus facile un nouvel essai, on voulut supprimer toute concurrence ; et, avec la franchise ordinaire à qui commet une mauvaise action, on cria sus aux célibataires ! De là cette loi qui imposa le mariage à tout instituteur. Bien firent ceux qui ne se hâtèrent pas ; car, six ans plus tard, en 1808, ayant reconnu qu'une mesure semblable, éloignant du collége les meilleurs maîtres, le privait des éléments les plus favorables à l'éducation, Bonaparte, non content de faire rapporter cette loi, en édicta une autre qui prescrivait le célibat aux censeurs et aux proviseurs des lycées, aux principaux, sous-principaux et maîtres d'étude des colléges.

Est-on obligé de choisir entre ces deux solutions, dont la première est inepte et la seconde excessive dans la situation présente ? Nos évêques estimèrent qu'il fallait savoir vivre avec les inconvénients dans un monde où l'on en rencontre partout. Loin de briser entre leurs mains des instruments précieux quoique imparfaits, s'aidant de sages mesures, ils s'en servirent parfois avec un réel bonheur (1). Cependant, reconnaissant quelles inappréciables ressources offrent la docilité, le désintéressement, l'application et l'entier dévouement de maîtres qui, libres de tous liens, n'ont d'autres préoccupations que la bonne tenue de leur classe, les succès, les progrès de leurs élèves, mais surtout leur éducation chrétienne, nos évêques les demandèrent à l'inépuisable fécondité de l'Eglise. Celle-ci enfanta des ordres enseignants. Leurs membres, appelés de bonne heure dans notre Province, ouvrirent des écoles prospères. L'histoire de ces fondations est longue et intéressante ; nous nous réservons de l'esquisser ailleurs.

Nous voici au terme de cette étude rapide. Son premier objet était de rechercher si le Clergé avait, par sa négligence ou son incapacité, mérité d'être dépossédé d'une charge qu'il avait de tout temps exercée et qui paraît inhérente à sa mission. Ceux qui auront attentivement et sans parti-pris parcouru les documents résumés dans ces quelques pages, conviendront avec nous qu'ils fournissent la justification la plus complète d'un passé sottement calomnié. Ils accusent, de plus, la Révolution, qui, en arrachant le prêtre à l'école, priva la jeunesse de ses maîtres les meilleurs, comme elle commit une criminelle usurpation en s'attribuant une fonction qu'elle était

---

(1) Que l'on ne s'en étonne pas. Nous avons connu tel curé qui, pour le meilleur religieux, n'aurait pas échangé son maître d'école, excellent père de famille, sachant étendre à tous ses élèves l'affection qu'il avait pour ses enfants.

incapable de remplir. On a beau dire, dans notre Province, encore moins que dans les autres, rien ne l'autorisait à cela. Notre Clergé avait, en vérité, pris fort au sérieux son rôle d'éducateur et ses efforts dévoués avaient été récompensés par des progrès incontestables. Chacune des pages de cette étude concourt à le démontrer et l'on y trouve l'explication de l'enthousiasme de populations et de communautés qui ne ménagèrent ni les applaudissements aux maîtres, ni les preuves de leur reconnaissance aux évêques. Au milieu du XVIIIe siècle, à l'arrivée des Frères dans nos écoles, ces témoignages se généralisèrent. Ils éclatèrent alors partout, disant hautement le mérite des instituteurs, les fruits de leur enseignement et la satisfaction des familles.

Ce concert d'éloges, la sape révolutionnaire l'interrompit. Ceux qui donnèrent le signal de l'attaque en avaient eu certainement l'écho. Par les lèvres de Voltaire, de Granet et de La Chalotais, n'avaient-ils pas demandé : « Moins de lumières ! » et réclamé « du foin pour le peuple ». Non, ils n'ignoraient pas ce magnifique essor donné à l'instruction par nos évêques. Aussi, assumant la responsabilité de l'arrêter, éprouvèrent-ils le besoin de prendre quelques précautions. Ils ont fait disparaître des pièces en présence desquelles toute justification devenait impossible. Félicitons-nous de ce qu'ils n'y aient pas entièrement réussi. Et, tandis qu'ils se glorifient d'avoir, sur les ruines d'une société accusée d'impuissance, inauguré une ère de liberté et de prospérité, écartons les cendres du bûcher qu'ils ont allumé, recueillons les débris des institutions qu'ils ont ruinées, ramassons tous les papiers qui échappèrent à leur fureur aveugle, et qu'il soit clairement démontré que leur œuvre ne fut aucunement une œuvre de salut, mais un acte criminel de vandalisme.

D'autant que, circonstance aggravante, ce qu'ils ont détruit, ils n'ont pas su le remplacer. Ils ont mis dix ans à l'essayer. Vains efforts, tout allait à la dérive. Il a fallu rappeler, de l'exil, des maîtres qu'ils avaient frappés d'ostracisme ; et, après les avoir décriés, calomniés, ils durent les supplier de prêter leur assistance. En présence de cette grande œuvre de l'éducation, ils se reconnaissaient impuissants !

Leurs victimes étaient habituées à ne compter qu'avec le patriotisme et le zèle ; elles n'avaient pas gardé rancune : elles reprirent leur place. Malgré les difficultés qu'on leur suscita, dans la mesure où on le leur permit, elles essayèrent de regagner le temps perdu. Hélas ! l'entente n'a pas duré un siècle. La Révolution n'avait pas renoncé à ses projets, elle les poursuivait sous le couvert de ce compromis, qu'elle subissait à contre-cœur. A-t-elle oublié, s'est-elle cru mieux outillée ? nous ne savons. Mais voilà dix ans que l'on a, en son nom, brutalement dénoncé sur ce point le contrat passé avec l'Église et ses congrégations religieuses. Une fois encore la religion a été bannie de l'école. Laïque, le maître officiel a dû se remettre à la discrétion de la Révolution. Entre les mains de l'enfant, plus de catéchisme, sinon le catéchisme républicain ; plus de morale, sinon la morale civique. On a vu reparaître ces évangiles à la Henriquez, ces grammaires et ces histoires où la langue, la morale, la vérité, sont ignominieusement profanées et trahies. Tenté après une première expérience, après y avoir préparé lentement le pays, ce nouvel essai a-t-il mieux réussi ? Il est intéressant de connaître ce qu'ont pu, en un siècle, des hommes qui eurent tant de mépris et de si violentes critiques contre l'ancienne organisation.

Dans notre Province, les écoles sont-elles, aujourd'hui, plus nombreuses qu'elles ne l'étaient il y a cent ans ? Nous pouvons rappeler que dans notre diocèse de Montpellier et ailleurs se rencontraient des écoles dans des hameaux qui n'en ont plus à l'heure présente.

Mais, de nos jours, l'instruction n'est-elle pas supérieure ? On le dit beaucoup ; on fait grand bruit autour des nouveaux programmes et c'est avec grand tapage que l'on distribue des certificats d'étude et des brevets. Le savoir est modeste. L'étude a besoin du recueillement. Ce bruit ne nous dit rien qui vaille. Nos anciens maîtres en firent moins. Leur programme était sans prétention ; il semble difficile, cependant, de lui donner plus d'extension dans les écoles primaires. N'oublions pas que Castres demandait aux Frères d'enseigner : 1° les principaux éléments de la doctrine chrétienne ; 2° à lire ; 3° l'écriture tant financière que bâtarde ; 4° l'arithmétique ; 5° l'orthographe, l'usage et l'emploi de la ponctuation ; 6° les échelles d'énumération tant des chiffres arabes que romains, les quatre règles de l'arithmétique, les règles de trois, d'intérêt, du toisé, de compagnie, de la racine carrée ainsi que les principes de géométrie pratique. Elle se réservait, en outre, le droit d'exiger des leçons de tenue de livres. En dehors de quelques notions d'histoire et de géographie que l'on ne mentionne pas ici, mais que nous avons retrouvées dans d'autres programmes, que peut-on ajouter à celui-ci sans sortir des limites du raisonnable et même du possible ?

On ne dira pas que l'éducation a gagné à ce divorce. Il nous serait facile d'opposer les statistiques de la criminalité ; elles doivent être consultées lorsque l'on veut savoir ce que vaut l'éducation d'un peuple. Eh bien, les derniers relevés sont tristement édifiants sur la question qui nous occupe. Non seulement les flots de cette criminalité montent terriblement, mais, dans les rangs des coupables, on a la douleur de rencontrer un très grand nombre de jeunes gens qui sortent à peine de l'école. De ces condamnés, près des deux tiers n'ont pas atteint l'âge de vingt ans.

Aussi bien, pourquoi tant de raisonnements ? A cette heure, parmi ceux qui mènent le char de la Révolution, grand nombre sont découragés et les aveux éclatent de toute part. Les folles et ruineuses dépenses, la tyrannique pression exercée sur les fonctionnaires, un favoritisme éhonté, de pompeuses promesses, la coûteuse réclame d'écoles, ridiculement somptueuses, tout cela en pure perte et sans profit : voilà ce qu'avec moins de sincérité dans l'expression l'on redit à la tribune de nos assemblées et ce qu'écrivent les échos attitrés du monde révolutionnaire. C'est le découragement des premiers essais et l'on croirait entendre Barbé-Marbois signaler « ... la décadence rapide et spontanée des établissements d'instruction publique qui, dans toute la France, disparaissent comme des plantes sur un terrain nouveau qui les rejette ; » ou encore le député Dupuis dénonçant « le vide immense qui s'accroît chaque jour et accuse la négligence de ceux qui, chargés de l'organiser (cet enseignement), n'ont donné pour résultats que des projets sans exécutions et des dépenses sans fruits et sans objet ».

Veut-on, en chiffres ronds, le bilan de la Révolution sur ce chapitre ? nous en empruntons les données à un journal républicain. Afin de réaliser leurs fantastiques projets, le gouvernement français a demandé et obtenu, en 1881, pour l'enseignement primaire, une augmentation annuelle de 53 millions ; soit en huit ans : 424 millions, mis entre ses mains pour améliorer et répandre l'instruction. Que d'écoles n'a-t-on pas dû créer et soutenir avec une telle somme ! Qu'en a-t-on fait ? nous l'ignorons. Mais voici ce à quoi l'on est réduit à cette heure. Dans tout village n'offrant pas un contingent de 20 élèves, plus d'écoles ; dans ceux qui ne comptent pas plus de 400 âmes, les écoles de filles sont supprimées. De ce chef, 1506 écoles disparaissent. C'est aussi le sort de 1143 écoles maternelles que l'on enlève aux populations qui ne comptent pas 2000 âmes. Bien que ne possédant pas le centième de leurs ressources, nos évêques ajoutaient, chaque année, de nouvelles créations à celles dont ils avaient pourvu la Province ; eux ils suppriment. Décidément, ils ne sont pas dans leur rôle. Voltaire prouvait plus de cynisme, mais aussi plus de raison lorsqu'il disait : « La canaille d'il y a quatre mille ans ressemble à celle d'aujourd'hui. Nous n'avons jamais voulu éclairer les cordonniers ni les servantes. C'est le partage des apôtres ». Oui, c'est le partage des apôtres d'aimer le peuple d'un amour désintéressé, c'est leur partage de lui sacrifier leur temps, leur argent et leur personne ; comme c'est leur privilège en éclairant les intelligences de redresser les cœurs et en moralisant l'individu de travailler à la sauvegarde des familles et des sociétés. Dès lors, au Clergé de poursuivre sans défaillance ce glorieux apostolat, aux catholiques sincères et conséquents de lui continuer leurs générosités et de lui confier leurs enfants. Ce n'est pas alors que l'adversaire succombe sous le poids de ses folles entreprises qu'il est permis de se décourager. Bonne confiance ! L'avenir est à nous, si fidèles aux principes, aux exemples de générosité et de sagesse, à toutes les traditions du passé qui firent la grandeur du pays, nous savons, dans cette œuvre souverainement importante de l'éducation, nous assurer le concours tout puissant de Dieu.

PIÈCES JUSTIFICATIVES

Note A. — Décrets des conciles concernant l'enseignement

Concil. d'Orléans, 797, ch. XX. — Presbyteri per villas et vicos scholam habeant, et, si quilibet fidelium parvulos suos ad discendas litteras eis commendare vult, eos suscipere et docere debeant... Sed cum summâ caritate doceant, attendentes quod dictum est : « Qui autem docti fuerint, fulgebunt. » Cùm ergo éos docent nil ex eis pro hac re exigant, nec aliquid ab eis accipiant, excepto quod eis parentes, caritatis studio, voluntarié obtulerint.

Conc. de Mayence, 813. — Propereà dignum est ut filios suos donent ad scholam sive ad monasteria, sive foràs

Conc. de Valence, 855, can. XVIII, de scholis instaurandis. — Ut de scholis tam divinæ quam humanæ litterarum, necnon et ecclesiastiæ cantilenæ, juxtà exemplum prædecessorum nostrorum, aliquid inter nos tractetur, et, si potest fieri, statuatur atque ordinetur, quia ex hujus studii longà intermissione pleraque Ecclesiarum Dei loca et ignorantia fidei et totius scientiæ inopia invasit.

Concil. de Paris, 829. — « Sed super hac re ejusdem principis (Louis le Débonnaire) admonitione, à nonnullis rectoribus hactenùs tepidé ac desidiosé actum est, undé nobis omnibus visum est quod, abhinc posthábità totius torporis negligentiâ, ab omnibus diligentior in educandis et erudiendis militibus Christi et vigilantior diligentia adhibeatur.

Concil. de Latran, 1215, Rôle de l'écolâtre, gratuité de l'école. — Quia nonnullis propter inopiam et legendi studium et proficiendi oportunitas subtrahitur, in Later. Concilio pia institutione provisum, ut per unamquamque cathedralem ecclesiam magistro, qui ejusdem ecclesia scholares pauperes gratis instrueret, aliquot competens beneficium præberetur, quo et docentis relevaretur necessitas et via pateret discentibus ad doctrinam. Verùm, quoniam in multis ecclesiis id non observatur, nos prædictum roborantes statutum, adjicimus ut non solum in qualibet ecclesia cathedrali, sed etiam in aliis constituatur magister idoneus, à prælato cum capitulo seu majori ac saniori parte capituli eligendus, qui clericos ecclesiarum ipsarum et aliarum gratis in grammaticæ facultate et aliis instruatur. Assignetur cuique... præbendæ reditus... sed tandiù reditus percipiat quandiù perstiterit in docendo.

Conc. de Rouen, 1445, ch. XIII. — Quod collatores scholarum scholas ipsas personis ætate, scientiâ et moribus probatis, committant ac liberaliter et sine exactione concedantur.

Conc. de Bordeaux, 1583, t, XVII. — Recté olim à quodam hujus sæculi sapiente dictum est nil esse de quo concilium diviniùs agere posse nisi de rectâ puerorum instructione. Juventus enim spes est et soboles reipublicæ, quæ si, dum adhùc tenera est, diligenter excolatur, maximos et miræ suavitatis fructus feret. Contrà vero si negligatur aut nullos aut amarissimos.

Conc. de Toul, 1590. — Cùm omnis ignorantia perniciosa sit, tum ea potissimum quæ de divinis rebus est perniciosissima, semper existere consuevit, huic pellendæ episcopi quâ poterunt diligentiâ incumbant ; juventutem christianam morum doctrinæque præceptis informari, sed maximé fidei disciplinæque rudimentis imbui curabunt.

Conc. de Narbonne, 1551. — Voluit concilium ne quis scholarum administrationi præficiatur, hac in provincia, nisi prius D. episcopo publicé vel privatim seu ejus vicario aut alii viro ecclesiastico ad quem Jure vel consuetudine institutio pertinet, oblatus fuerit a consulibus vel abiis quorum est offerre, qui eum interroget de vita, moribus, fide et doctrina, quem oportet litteras habere à Judice ordinario loci ubi alias erudiendæ Juventutis provincias susceperit, quibus sese virum bonum esse testatur ; neque episcopus nisi idoneum admittat, cui exacte præcipiatur, ut singulis diebus, dominicis et festis ad templum Juvenes ducat, orationem et salutationem angelicam, symbolum apostolorum, confessionem, salve regina... eos doceat. Quæ omnia in litteris à diœcesano concessis exprimi oportet, nec pro litteris quibus de se fidem faciant diœcesani aut quilibet alii aliquid accipiant, sed eas gratis concedant. Quod si, his exacte non observatis, ad regendas scholas admittunt, et ipos scholares, rectores atque illos qui admiserunt pœnâ excommunicationis plectantur.

Conc. de Bourges, 1584. Contre les écoles mixtes — Puellarum institutioni præficiant probatæ viduæ aut matronæ quæ eas religiosé vivendi formam et regendi rationem studiosé doceant.

Conc. d'Aix, 1585. — Curet episcopus ut in singulis diœcesis suæ oppidis et vicis doctrinæ christianæ sodalitates et scholæ quamprimùm instituantur tùm marium tùm feminarum.

Note B. — Extraits des édits, arrêts et ordonnances concernant la législation des écoles

Capitul. de Charlemagne, 788. — Carolus gratiâ Dei rex Francorum et Longobardorum ac patricius Romanorum, Baugulfo, abbati et omni congregationi, tibi etiam commissis fidelibus nostris, in omnipotentis Dei nomine amabilem direximus salutem. Notum sit igitur Deo placitæ devotioni vestræ quia nos unà cum fidelibus nostris consideravimus utile esse ut episcopia et monasteria nobis, Christo propitio, ad gubernandum commissa, præter regularis vitæ ordinem atque sanctæ religionis conversationem, etiam in litterarum meditationibus, eis qui, donante Domino, discere possunt, secundum uniuscujusque capacitatem, docendi studium debeant impendere... Quamobrem hortamur vos litterarum studia non solùm non negligenter, verùm etiam humillima et Deo placita intentione ad hoc certatim discere, ut faciliùs et rectiùs divinarum scripturarum mysteria valeatis penetrare...

Capitul. de 789. — Ut ministri altaris Dei suum ministerium bonis moribus ornent... Et non solùm servilis conditionis infantes, sed etiam ingenuorum filios adgregent, sibique socient. Et ut scholæ legentium puerorum fiant, psalmos, notas, cantus, computum grammaticam per singula monasteria vel episcopia discant; sed et libros catholicos benè emendatos habeant... Et pueros vestros non sinite legendo vel scribendo corrumpere. — *Baluze, Capit. t. I,* 235.

Édit de déc. 1606, régistré en févr. 1608. — Art. XIV. Les régents, précepteurs ou maîtres d'école des petites villes ou villages seront approuvés par les Curés des paroisses ou personnes ecclésiastiques qui ont le droit d'y nommer. Et où il y aurait plainte des dits maîtres et régents ou précepteurs, il sera pourvu par les archevêques et évêques, chacun dans leur diocèse : N'entendons néanmoins préjudicier aux anciens privilèges des Universités et à ce que nous avons ordonné par notre édit de Nantes.

Déclaration de févr. 1657. — Les régents tant des collèges que des petites écoles, même dans les bourgs et villages seront catholiques et nul ne pourra tenir école qu'il ne soit examiné par l'évêque ou par ses vicaires et qu'il n'ait fait entre leurs mains sa profession de foi; sans préjudice néanmoins des écoles et collèges de la R. P. R...

Déclaration d'avril 1695, régistrée le 12 mai suivant. — Les maîtres, régents, précepteurs et maîtresses d'école des petits villages seront approuvés par les curés et personnes ecclésiastiques qui ont droit de le faire et les archevêques et évêques ou leur archidiacre, dans le cours de leurs visites, pourront les interroger s'ils le jugent à propos sur le catéchisme en cas qu'ils l'enseignent aux enfants du lieu et ordonner que l'on en mette d'autres à leur place s'ils ne sont pas satisfaits de leur doctrine ou de leurs mœurs et même en d'autres temps que celui de leurs visites, s'ils y donnent lieu pour les mêmes causes.

Déclaration du 13 déc. 1698, régistrée le 20 déc. suiv. — Art. IX. Voulons que l'on établisse autant qu'il sera possible des maîtres et des maîtresses dans toutes les paroisses où il n'y en a pas, pour instruire tous les enfants et nommément ceux dont les pères et les mères ont fait profession de la R. P. R., du catéchisme et des prières qui sont nécessaires, pour les conduire à la messe tous les jours ouvriers, leur donner l'instruction dont ils ont besoin sur ce sujet et pour avoir soin, pendant qu'ils iront aux dites écoles, qu'ils assistent le dimanche au service divin, comme aussi pour apprendre à lire et à écrire à ceux qui en ont besoin, le tout en la manière prescrite par l'art. XXV de notre décl. de 1695, concernant la juridiction ecclésiastique et ainsi qu'il sera ordonné par les archevêques et évêques et que dans les lieux où il n'y aura pas d'autres fonds il puisse être imposé sur les habitants la somme qui manquera pour leur subsistance jusques à celle de 150 l. pour le maître et de 100 l. pour la maîtresse.

Arrêt du Conseil du Roi, donné en 1668 en faveur de l'évêque de Cahors, à l'exclusion des parlements de Toulouse et de Bordeaux, qui usurpaient sa juridiction. — Nous donnons quelques lignes des considérants. — Sur ce qui a été représenté au Roi étant en son conseil que l'instruction des enfants a toujours été jugée si importante, que de tout temps les lois civiles et ecclésiastiques l'ont particulièrement commise aux soins des évêques, en sorte qu'il n'est permis à qui que ce soit de s'y ingérer qu'il n'ait obtenu la permission et l'approbation de l'évêque diocésain...

— Nouvel arrêt en 1669 en faveur de l'évêque d'Autun.—

Autre en 1695 en faveur de l'évêque de Sisteron... *Mémoire du Clergé*. (Tom 1er, t. écoles).

Ordonnances du 12 nov. 1744, portée par l'Intendant du Languedoc. — Etant informé que plusieurs particuliers ont entrepris de former depuis quelques temps de petites écoles dans les villes et lieux de cette Province sans avoir obtenu les approbations nécessaires... vu les ordres du Roy concernant l'éducation et l'instruction donnée en conséquence par M. de Bernage, notre prédécesseur, le 1er avril, 1727. — Nous faisons très expresses défenses à toutes sortes de personnes de tenir école en aucun lieu, ni ville de cette Province sous quelque cause ou prétexte que ce puisse être, même d'aller dans les maisons particulières pour y enseigner directement ou indirectement à lire, à écrire ou d'autres exercices jusqu'à ce qu'elles en aient obtenu la permission et approbation des évêques, sous peine de 100 l. d'amende une première fois, d'emprisonnement en cas de récidive et de plus grande peine s'il y échoit; à l'effet de quoy il sera informé des contraventions par nos subdélégués, chacun dans leur département... fait à Montpell., le 12 nov. 1744. — LENAIN... par Mgr D'HEUR.

Lettre de M. de St-Priest, intendant du Languedoc à M. Amblard, son subdélégué à Toulouse. — Montp., le 17 sept. 1757. — Vous m'avès envoyé, Monsieur, le 30 juill. dernier, un mémoire concernant les maitres d'école; je l'ai examiné; et il m'a paru qu'il a été suffisamment pourvu par diverses lois à tout ce qui a rapport à l'établissement des maitres d'école, soit pour le choix qui doit en être fait, soit pour l'approbation dont ils doivent être nantis pour pouvoir en faire les fonctions et pour imposer sur les communautés l'imposition de leur salaire; et que tout ce qu'on pourrait y ajouter serait qu'à chaque mutation du maitre d'école, il fut prescrit aux consuls de n'expédier en leur faveur aucun mandement et au collecteur de ne les point acquitter que lorsqu'il apparaitrait d'une approbation de leur évêque diocézain ou de son grand vicaire, de laquelle le maitre d'école sera tenu de donner une ampliation collationnée par le secrétaire de l'évêché, à peine contre les consuls de restitution des sommes qu'ils auront fait payer sans ce préalable et contre les collecteurs de la radiation dans leurs comptes. — Cette précaution suffira pour prévenir les abus qu'on représente dans ce mémoire et j'ay chargé le syndic de la province de proposer à la Commission de 1734, d'en faire un règlement. — De St-Priest, *arch. de la H^e-Garonne*, c. 134.

Ordonnances synodales

Ordonnances de Mgr J. Ant. de Phelippeaux, évêque de Lodève, 1693. — I. Nous ordonnons que les curez et vicaires perpétuels procureront dans leur paroisse un maître et une maîtresse d'école, lesquels prendront nos lettres d'approbation qu'ils feront renouveler tous les ans, lesquelles lui seront données gratis pourveu qu'il nous soit attesté de sa vie et mœurs et des soins qu'il aura apporté à l'éducation de la jeunesse. — II. Ordonnons aux curez de visiter de temps en temps l'école pour voir s'ils observent bien nos règlements. — III. Ils empêcheront que les filles et les garçons ne soient instruits ensemble et nous feront savoir en quoi ils ont manqué afin que nous y pourvoyons.

Ordonnances du diocèse d'Alet, publiées en 1640. — Des régents ou maîtres d'école. — Notre devoir pastoral nous oblige de prendre garde que l'instruction des jeunes enfants ne soit confiée qu'à des personnes d'une vertu et d'une capacité reconnues, de peur que ce qui doit servir à les entretenir dans l'innocence et dans la piété ne soit un piège pour les perdre et les engager dans le vice. C'est pourquoi nous défendons à toute personne de s'ingérer et de faire l'école dans les paroisses de notre diocèse sans notre approbation par écrit, sous peine d'être interdit de l'entrée de l'église. Enjoignons aux recteurs et vicaires de s'opposer à ceux qui entreprendraient de faire cette fonction dans leur paroisse sans être approuvés de nous ; et s'ils n'obéissent, de les avertir juridiquement de trois jours en trois jours, leur laissant chaque fois une copie de la monition, signée d'eux et de deux témoins. Après quoi il nous envoieront les monitions afin qu'il soit procédé contre eux à la déclaration de l'interdit.

QUE LES FILLES NE SERONT PAS REÇUES AUX ÉCOLES DES GARÇONS. — Les filles ne seront pas reçues aux écoles des garçons; mais elles seront instruites par quelques filles ou quelques femmes de piété que nous aurons approuvées ou que nous envoyerons exprès pour cela, et par les recteurs et les vicaires qui les assembleront tous les dimanches et les fêtes chômées, avec les autres enfants de la paroisse pour leur faire le catéchisme et la petite Doctrine, comme il a été dit cy-dessus.

Ordonnance de Mgr Georges de Souillac, évêque de Lodève. — Les précautions que le saint homme Tobie prit pour le choix du guide qu'il voulait donner à son fils et ses attentions pour s'assurer de la fidélité de celui à qui il devait confier un si précieux dépôt, sont de belles leçons qui nous apprennent combien doit être sérieux l'examen que nous devons faire quand il s'agit du choix de ceux à qui nous confions l'éducation des jeunes enfants, objet de la tendresse de J. C... — I. Nous déclarons donc que nous n'approuverons pour un emploi si important que des personnes d'une vertu et d'une probité reconnues, dont la foi soit hors de tout soupçon et qui aient les talents nécessaires pour s'en acquitter dignement. Nous ne souffrirons pas que des gens peu réglés ou sans aveu se mêlent de tenir école et nous défendons à toute personne de l'un et de l'autre sexe de le faire publiquement dans aucun endroit de notre diocèse sans notre permission par écrit ou celle de nos vicaires généraux; elles seront toujours révocables, afin que ceux et celles à qui nous aurons confié cet emploi s'en acquittent avec plus d'exactitude dans la crainte de n'être plus continués, s'ils donnaient quelque juste sujet de plainte. Ceux qui ne seront pas connus de nous n'obtiendront cette permission qu'après nous avoir présenté un certificat de bonne vie et mœurs et nous avoir donné des preuves de leur capacité pour élever chrétiennement les enfants. Nous défendons aux curés de souffrir que personne fasse dans leur paroisse la fonction de maître ou maîtresse d'école, sans leur avoir montré notre permission par écrit. — II. Nous défendons très expressément d'enseigner les garçons et les filles dans une même classe, sous quelque prétexte que ce soit. — III. Comme les écoles sont principalement établies pour former les jeunes gens à la piété... nous ordonnons aux maîtres et maîtresses de faire le catéchisme dans leur classe, deux fois la semaine, le mercredi et le samedi, de faire apprendre le cathéchisme du diocèse à leurs élèves, de leur enseigner à prier Dieu, le matin et le soir, de les faire confesser une fois le mois lorsqu'ils ont atteint l'âge de raison; de les conduire à l'église et d'y rester avec eux pendant le temps du service divin et des instructions pour les contenir dans le silence et dans une plus grande modestie. . Les maîtresses d'école apprendront encore aux filles à travailler aux ouvrages qui peuvent leur convenir; elles leur inspireront un grand éloignement de tout ce qui ressent la vanité et elles leur donneront l'exemple d'une vie modeste, occupée et pleine d'édification. — IV. Nous conjurons les curés de prendre un soin particulier des écoles de leur paroisse; de les visiter de temps entemps pour voir si les enfants sont assidus, si toutes choses s'y font en ordre, si nos règlements sur ce sujet sont observés, si les maîtres et les maîtresses font leur devoir avec zèle et s'ils sont capables de leur emploi.

Ordonnances de M. Arm. J. de Rotondy de Biscaras, évêque de Béziers, 1675. — La bonne nourriture et éducation des jeunes enfans, étant un des moiens les plus efficaces et certains pour établir la solide piété dans le christianisme, il est de notre obligation de bien connaître ceux qui s'emploient à leur instruction. C'est pourquoi Nous défendons à toutes personnes de faire la fonction de régens s'ils ne sont présentés à nous et n'ont reçu notre approbation par écrit, qu'ils feront renouveler tous les ans, et à cet effet, nous apporteront le certificat des prieurs ou vicaires de leur bonne vie et sage conduite; et comme ils ont observé le règlement que Nous leur avons donné, au pied duquel Nous avons mis notre approbation. — II. Défendons très-expressément auxdits régens, et sous peine d'excommunication qu'ils encourront par le seul fait, d'enseigner les filles, si petites qu'elles soient, ni parmi les garçons, ni séparément, ni même dans les maisons particulières. Et au cas où ils le feraient, Nous enjoignons aux dits prieurs et vicaires d'en dresser un procez-verbal, qu'ils signeront et feront signer de deux témoins, lequel ils nous envoieront incessamment pour être par Nous pourvu à ce qu'ils soient dénoncez, excommuniez, et faisons la même défense aux régentes à l'égard des garçons. — III. Ordonnons aux dits régens et régentes de faire la doctrine aux enfans, au moins deux fois fois la semaine... Enjoignons aux régens de conduire les garçons et aux régentes de conduire les filles séparément à la messe, aux vêpres, au catéchisme de la paroisse ès jours de fête, leur faisant observer une exacte modestie en tous lieux, particulièrement dans l'église, ils prendront soin aussi de les amener à confesse, une fois le mois.

Ordonnances de Mgr Charles le Goux de la Berchère, archevêque de Narbonne, 1706. — I. Nous déclarons, conformément au con. prov. de 1609, que nous n'approuverons aucun Maitre ni Maitresse d'école qu'après qu'ils auront fait la profession de foy entre nos mains, ou celles de notre vicaire général. — II. Nous renouvelons le règlement fait par l'Em. cardinal de Bonsy en 1675. — III. Conformément à ce qui est porté dans les statuts de 1671 et aux ordonnances Royaux, Nous défendons à toutes personnes de faire la fonction de Régent et Régente s'ils ne se sont présentés pour recevoir l'approbation nécessaire et par écrit, qu'ils feront renouveler tous les ans ; et à cet effet ils auront un certificat des Recteurs... Dans les petits villages, ils pourront être approuvez par les curez des paroisses ou autres ecclésiastiques, qui ont droit de le faire. — IV. En exécution desdits statuts, Nous défendons aux dits Régens et sous peine d'excommunication d'enseigner les filles avec garçons, ni séparément. Nous faisons la même défense aux Régentes à l'égard des garçons. Et au cas que les dits Régens et Régentes contreviennent au présent statut, Nous enjoignons, etc... — V. Conformément aux statuts de 1671, les Recteurs visiteront de temps en temps les écoles, pour voir si les Régens et Régentes font leur devoir et s'ils observent nos règlements et prendront soin de nous avertir des contraventions. — VI. Les Maîtres et Maîtresses se trouveront à nos visites pour y être examinez et rendre compte de leur conduite. — VII. Autant qu'il se pourra faire on choisira des Maîtres constitués dans les Ordres Sacrés. Dans chaque lieu considérable où il n'y aura pas de Régent et de Régente, on prendra soin d'y en établir.

Ordonnances de Mgr de Berlons de Crillon, évêque de St-Pons, 1715. — I. Défendons à tous, Maîtres et Maîtresses de notre diocèse, de tenir les écoles, s'ils n'ont auparavant obtenu de Nous notre permission par écrit ou de nos vicaires généraux. — II. Nous défendons aux dits Régens sous peine d'excommunication d'enseigner les filles avec les garçons. — III. Nous ordonnons à tous, curez et vicaires de notre diocèse, de veiller à ce que l'on n'y enseigne rien contre la foi et que la jeunesse y soit élevée dans la pratique de la religion.

Ordonnances de Mgr Gabriel Florian de Choiseul Beaupré, archevêque de Toulouse, 1738. — (Le prélude est conçu dans les mêmes termes que celui des statuts de l'évêque de Lodève, donnés plus haut. Il en est de même du 1er article. Le 2e réclame du Maître un certificat de bonne vie et mœurs, un titre de capacité professionnelle et une permission écrite.) — III. Nous enjoignons aux Maîtres et Maîtresses d'école de recevoir avec autant d'affection les enfants des pauvres que ceux des riches et d'avoir un soin particulier de leur instruction. Nous leur enjoignons de se trouver aux visites que Nous ferons dans les paroisses pour y être examinez et pour nous rendre compte de leur conduite. (Le 5e art. prescrit aux curés la visite des écoles. L'on y recommande le travail manuel pour les jeunes filles et l'on y interdit les écoles mixtes.)

Dans les mêmes statuts, t. des archipr., nous lisons : — Nous ordonnons aux curez et vicaires de notre diocèse de visiter souvent les dites écoles et de prendre garde qu'on n'y enseigne rien de contraire à la foi et aux bonnes mœurs et que la jeunesse soit bien instruite à la piété. Nous les exhortons de tout notre pouvoir de s'appliquer particulièrement à trouver le moyen d'établir des Maitres d'école dans les paroisses où il n'y en a pas, conformément au dernier concile provincial de Toulouse, qui a reconnu qu'ils leur étaient utiles non-seulement pour instruire la jeunesse, mais aussi pour chanter l'office divin.

Règlements épiscopaux pour les régents ou maîtres d'école du diocèse d'Alet, publiés en 1640, renouvelés en 1670 et 1674. — A L'ÉGARD D'EUX-MÊMES. — Avant toute chose il faut que les Régents soient bien persuadés de l'exellence de leur employ. Pour cela ils doivent considérer qu'ils font en quelque sorte la fonction d'Anges gardiens à l'égard des enfants, étant établis pour les conserver dans l'innocence, pour les instruire des principes de la foi et pour les former à la vertu et à la piété ou bien qu'ils sont comme des ouvriers qui jettent les premiers fondements d'un édifice et que toute la vertu et la piété d'un homme dépendent souvent des instructions qu'il a reçues en sa jeunesse. — I. Ils seront fidèles à pratiquer dans la journée les actes de vertu contenus dans l'Exercice du Chrétien. — II. Ils se lèveront environ à 5 h., étant levés ils feront la prière du matin et ensuite une demi-heure de méditation sur quelque point de piété, se servant pour cela des méditations indiquées pour la retraite des régents ou de quelque autre livre spirituel que l'on leur aura marqué. — III. Ils se confesseront tous les 15 jours ou au moins tous les mois, ayant soin de s'y préparer par l'examen de leur conscience, et par les sentiments d'une véritable componction, et pour la communion ils s'en approcheront au moins les principales fêtes de l'année, ou plus souvent suivant l'avis de leur confesseur ou directeur et selon les progrès qu'ils feront dans la piété. — V. Ils fuieront les jeux de hazard, les cabarets, la chasse, les entretiens et divertissements mondains avec des filles ou des femmes, comme aussi avec des jeunes gens vicieux et de mauvaise vie. Ils n'iront pas dans les maisons des habitants pour y manger et boire ou pour s'y entretenir, mais seulement pour des choses nécessaires et qui regardent le bien de leur école, auquel cas, ils ne s'y arrêteront que tout autant qu'il en sera besoin. — VI. Ils garderont une égale tempérance dans le manger et le boire ; ils seront retenus dans leurs paroles, et quand ils auront occasion de parler des choses de piété pour l'édification du prochain ils le feront humblement et avec simplicité et non pas avec un esprit d'ostentation et de suffisance. — VII. Ils éviteront avec grand soin l'oisiveté, s'occupant hors des heures de l'école à quelque travail convenable, comme à traduire et à composer du latin, ou à quelque autre étude proportionnée à leur état et à leur capacité, à parer l'église, à nettoyer et à plier les ornements et à s'exercer au chant. — VIII. Ils feront soigneusement et dévotement la prière, matin et soir, et les autres choses marquées dans l'exercice du chrétien ; ils feront aussi, chaque jour, une demi-heure ou environ de lecture spirituelle dans un livre de piété qu'on leur aura marqué.

— A L'ÉGARD DE LEUR ÉCOLE. — I. Ils recevront également les pauvres et les riches, leur témoignant à tous la même estime et la même affection et prenant autant de soin des uns que des autres — II. Avant de commencer l'école, ils feront la prière en commun avec les écoliers devant un crucifix ou image dévote, en la manière qu'elle est prescrite dans l'exercice du chrétien ; et ils feront de même à la fin. — III. Tous les mercredis et les vendredis, ils feront à leurs écoliers l'instruction ou la doctrine qui consiste à leur apprendre à faire le *signe de la croix* et à réciter distinctement et dévotement le *pater*, l'*ave*, le *crédo*, les *commandements de Dieu et de l'église*, l'*abrégé de la Doctrine chrétienne* et l'*exercice du chrétien*. — IV. Pendant l'école, ils veilleront sur leur écoliers, ils prendront garde s'ils sont modestes, s'ils étudient leurs leçons, s'ils ne s'amusent point à causer ou à badiner ; ils leur assigneront leur place et prendront garde qu'ils n'en changent que par nécessité. — V. Ils leur feront réciter la leçon lentement et distinctement sans se presser ; et lorsqu'ils commettront quelques fautes, ils ne se mettront pas en colère contre eux, mais les reprendront doucement et gravement, prenant garde de ne les point injurier, pousser ou frapper rudement. Ils les feront toujours commencer et finir par le signe de la croix. — VI. Ils ne feront point paraître d'inclination ou d'aversion particulière pour aucun de de leurs écoliers, mais ils leur témoigneront à tous une égale affection et en auront le même soin. Ils éviteront de leur faire aucune caresse sensuelle, soit en les regardant, les touchant ou les baisant et lors même qu'ils seront obligés de leur faire la correction, ils prendront garde de ne les point découvrir ou exposer d'une manière qui peut blesser la pudeur et l'honnêteté. — VII. Les jours ouvriers, ils les conduiront deux à deux à la messe, marchant derrière eux ; et les dimanches et les fêtes chômables, ils les conduiront de la même manière à tous les offices de la paroisse et à l'instruction de la doctrine chrétienne, les assemblant pour cela à l'école un quart d'heure avant le dernier coup de la messe et des vêpres... Etant arrivé à l'église, ils les feront placer à l'endroit marqué et se tiendront derrière eux, prenant soin qu'ils soient dans la décence convenable, qu'ils ne tournent point la tête de côté et d'autre, qu'ils ne rient point, qu'ils ne caquettent point, qu'ils ne se poussent point les uns les autres. — VIII. La veille des fêtes et dimanches, ils prendront quatre ou cinq de leurs écoliers pour leur faire balayer l'église : ce qu'ils feront aussi eux-mêmes pour leur en donner l'exemple. — IX. Ils leur apprendront à servir dévotement et modestement aux messes basses et ils apprendront à chanter à ceux qui ont de la voix, afin qu'ils puissent aider à chanter à la paroisse. — X. Ils feront en sorte que leurs écoliers soient vêtus modestement et non d'une façon mondaine, qu'ils évitent les danses, les jeux de hazard et toute conversation famillière avec les filles. Ils prendront soin qu'ils ne couchent point avec leur père et leur mère, ni avec leurs sœurs. Ils tâcheront d'empêcher aussi qu'ils se baignent en des lieux exposés à la vue du monde, les uns avec les autres et qu'ils ne le fassent que d'une manière modeste et honnête. — XI. Ils s'informeront de leur conduite et de leurs déportements hors de l'école; et s'ils apprennent qu'ils soient sujets à quelque vice et défauts comme sont les jurements, les paroles injurieuses ou déshonnêtes, les mensonges, les larcins, les privautez déshonnêtes entre eux ou avec des filles, ils leur en feront la correction convenable. — XII. Ils porteront ceux de leurs écoliers qui seront en âge à se confesser tous les mois et leur apprendront l'attention qu'il faut y apporter et prieront le curé ou vicaire de marquer le jour et l'heure de leur commodité. Pour la communion ils en laisseront la disposition au curé ou vicaire, cela dépendant de leur état intérieur. — XIII. Ils ne recevront dans leur école aucunes filles pour y être instruites sous quelques prétextes que ce soit et ils n'y laisseront entrer aucune autre personne, sinon pour quelque nécessité et de telle sorte qu'elle ne cause aucun trouble ni empêchement à l'école.

— Pour les régentes ou maitresses d'école. — I. Les Maitresses d'école, établies dans les lieux et approuvées pour faire l'école des filles, observeront le même règlement en ce qui peut les concerner. — II. Elles apprendront de plus aux filles à coudre, à filer ou à faire quelque autre travail qui leur soit propre et convenable. — III. Elles prendront soin que leurs écolières aient le sein et les bras modestement couverts, qu'elles évitent les danses, le bal, les jeux de hazard et toute conversation familière avec les garçons et les hommes. — IV. Elles ne laisseront entrer dans le lieu où elles font l'école ni hommes ni garçons et lorsque le recteur ou le vicaire du lieu viendra visiter leur école, il prendra avec lui quelque honnête personne pour l'accompagner.

(Nous ne donnons pas le règlement de Mgr de Bonsy, renouvelé en 1709 par Mgr le Goux de la Berchère; il reproduit exactement les deux dernières parties de celui-ci.)

Note C. — Extraits des archives

Archives d'Aniane. — Il est question d'un maître d'école vers la fin du XVe siècle et de la maison d'école en 1538, 9 février, époque à laquelle les régistres consulaires mentionnent une réparation. Depuis l'époque de leur fondation jusques en 1687, ces écoles furent soumises aux vicissitudes de la communauté, qui payait le maître d'école selon que ses revenus le lui permettaient. Parfois (et c'est là un usage fort ancien) les habitants s'entendaient entre eux pour payer le maître d'école à tour de rôle. On le payait parfois en nature. L'année scolaire commencait après la St-Luc... En 1659, 8 déc., on parle au conseil de rétablir l'ancienne police d'avoir un maître d'école ; on lui fera 25 écus par an. MM. les consuls sont priés de trouver « le plus capable pour la lecture, la grammaire, l'escripture sur l'examen d'un homme entendu. » Le 20 janv. 1683, Dumas, 1er consul, annonce que les principaux habitants ont fait venir de St-Thibery, Gabrielle de Beaume « pour élever leurs petites filles à la vertu et à lire et à écrire. » C'est « une demoiselle vertueuse, capable et propre pour l'éducation des jeunes filles. » Et « comme il y a beaucoup d'habitants qui n'ont pas moyen de fournir aux frais pour faire apprendre leurs filles à lire et à bien prier Dieu, » on décide de lui donner 18 l. par an; considérant que c'est une charité d'assister les pauvres à l'éducation de leurs enfants. » On y met la condition qu' « elle prendra toutes les pauvres jeunes filles que les consuls lui présenteront par rolle » sans payer... Janv. 1682, Mgr de Pradel vient à Aniane pendant la mission. Il impose la création d'écoles et exige 100 l. pour la maitresse et 150 pour le maitre « à la charge pour eux d'enseigner gratuitement. — Voici le diplôme de l'institutrice : « Charles de Pradel, par la grâce de Dieu et du St-Siège Apost., évêque de Montpellier, comte, etc., à demoiselle Marie Delsollier de la ville d'Aniane, salut en N. S. Nous étant informé de votre vie et mœurs, de votre religion et capacité pour l'instruction des jeunes filles, nous avons permis et permettons de tenir les petites filles dans la ville d'Aniane pendant le temps qu'il nous plaira, et instruire les dites jeunes filles à la lecture et à l'écriture. Mais, comme la religion et l'éducation sont un moyen efficace pour établir la vertu et la piété dans le cœur des fidelles, nous vous ordonnons d'élever les dites jeunes filles en la religion catholique, apostolique et romaine, et de les mener modestement les fêtes et les dimanches à la doctrine chrétienne et au service divin qui sera fait dans la paroisse, de les exciter à la vertu par un bon exemple et d'éloigner d'elles, avec grand soin, tout ce qui aurait l'apparence du vice. » .... Le 9 mars 1692, révocation de Léonard Thierry sous le prétexte « qu'il négligeait les enfants dont les parents étaient obligés de donner de l'argent, du pain, d'huile, du sel, etc... Il y a à Aniane deux autres maîtres d'écoles. »... En 1698, nouvelle révocation.

Archives d'Avignonet. — Délib. du 14 mars 1734. — Le régent des écoles doit enseigner gratuitement trois pauvres enfants indiqués par le curé et acceptés par les magistrats consulaires... Il doit enseigner le catéchisme deux fois par semaine, le mardi et le jeudi... Tous les jours ouvriers il doit amener les écoliers à la messe... Les jours de fête et les dimanche, il doit les faire rendre à la maison de ville pour partir de là avec eux et les mener à la messe de paroisse. Des places leur seront réservées dans l'église ; il devra les y contenir en bonne discipline. — Délib. du 25 mars 1753. — Le traitement du régent est fixé à 150 l. par an. Les écoliers doivent payer : ceux qui écrivent et qui comptent, 14 sols ; ceux de la croix à assembler les mots, 8 sols ; ceux qui lisent le latin jusqu'à ce qu'ils commencent le français, 10 sols par mois. — Délib. du 17 juin 1781. — Les écoliers doivent payer : ceux de l'A, B, C, 10 sols ; ceux qui commencent à écrire, 20 sols ; ceux qui écrivent et apprennent à compter, 30 sols. — Délib. du 17 juill. 1781. — *Nomination du régent.* — Le conseil politique agrée le régent du régent des écoles sur la présentation du 1er consul. Le régent des écoles doit fournir sur le bureau un certificat de bonne vie et mœurs, un certificat de capacité professionnelle, un certificat de religion cathol., apost., et romai... Le régent des écoles agréé par le conseil, le conseil « l'admet à jouir de la charge de régent des petites écoles, aux honneurs, rangs, privilèges, émoluments y attachés, après s'être retiré par devant Mr l'Evêque de St-Papoul ou ses grands vicaires pour obtenir son approbation. »

RELEVÉ SOMMAIRE DES ÉCOLES DU DIOCÈSE DE MONTPELLIER D'APRÈS LES VISITES PASTORALES.

NOM DU LIEU	Rég.	Régte	Popul.	NOM DU LIEU	Rég.	Régte	Popul.
Aniane	2	1		Beaulieu	1	»	
Clapiers	1	»		St-Clément	1	1	90
Balaruc	1	2		St-J. de Cuculles	1	»	120
Cournonterral	1	1		St-Bauzille de			
Castelnau	1	1		Mommel	1	1	120
Cournonsec	1	1		Boisseron	1	1	215
Fabrègue	1	1		Brissac	2	1	563
Gigean	1	1		Crès	1	1	
Lunel-Viel	1	1		Castries	1	1	
Lunel	2	4		Cazillac	1	»	
Montbazin	1	1		Garrigues	1	»	65
Mauguio	1	1		Lansargues	1	1	
Poussan	1	1		Mudaison	1	1	130
Pignan	1	1		Restinclières	1	»	70
Pérols	1	1		La Roque	1	1	352
St-Christol	1	1	385	St-Brès	1	1	150
St-Seriès	1	»	90	St-Jean de Buèges	1	1	
St-Georges	1	1		Sussargues	1	»	
St-Jean de Védas	1	1		St-Drézery	1	1	200
Saussan	1	1		Valergues	1	1	90
Laverune	1	»					

Nous remarquons que le traitement, ordinairement de 150 l. pour le régent et de 100 pour la régente, est de 200 l. pour le premier, de 150 pour la seconde à Mauguio, Pérols, et Mudaison, villages dont les évêques de Montpellier étaient seigneurs.

La lettre d'approbation et le régent Millé. — A M. de

Ginesty, subdélégué à Toulouse. — Montp., 9 avr., 1785... Je vous prie, Monsieur, de vérifier et de vous assurer des faits contenus dans la lettre ci-jointe du sieur Héliot, procureur du roy de police et s'il est vrai que le sieur Millé enseigne les enfants dans la communauté de Villeffranche du Lauraguais sans une permission de l'ordinaire, soit en public, soit en particulier, de lui faire défense de ma part de tenir école dans le lieu de Villefranche, ni d'aller apprendre les enfants dans leurs maisons sous quelque prétexte que ce puisse être, s'il n'y est expressément autorisé par Mgr l'archevêque ou l'un de ses vicaires généraux. Vous voudrés lui faire une semonce capable de le rendre plus circonspect et moins entreprenant, et l'assurer, de ma part, qu'en cas de récidive, il aura lieu de s'en repentir. Vous me rendrés compte de ses dispositions en me renvoyant la lettre du procureur. — *De St-Priest.*

Réponse du subdélégué. — 8 mai, 1785. — Nous avons tant différé de répondre à la lettre que vous nous avés fait l'honneur de nous écrire que pour nous assurer de la conduite que tiendrait le sieur Millé sur les ordres qu'il avait reçus de M. l'intendant. Nous lui avons également demandé ce qu'il se propozait de faire ; il a répondu qu'il suivrait exactement les ordres qui lui ont été donnés, qu'il tâcherait de se faire approuver et qu'en attendant il ne montrerait plus personne jusqu'à une parfaite décizion. Vous me permettrez de vous observer que nous avons tolléré M. Millé à raison de la grande nécessité que le peuble de cette ville a d'un maître d'écriture et d'arithmétique, le régent en place n'étant que pour le latin et surchargé d'enfants ; il en reste plus de cent sans aucun secours et notre régent latiniste ne sçait pas un mot d'arithmétique. Il sera toujours triste pour les habitants en cette ville si on trouve quelques difficultés à approuver le sieur Millé beaucoup plus nécessaire que le précédant. — *Sabaterq consul, maire, Benet consul, lieutenant du maire...* Arch. de la Haute-Garonne, c. 134.

Nous empruntons encore aux recherches de M. l'abbé Douais le relevé de quelques visites pastorales dans le n'avons ni instituteur, ni institutrice depuis un an et cependant nous ne pouvons guère nous en passer. » *Bertrand*, ag' n'. — Lieuran-Cabrières : « Nous avons besoin d'une école ; il s'est présenté un instituteur que nous prendrons s'il a les qualités requises... Je ne vois pas qu'il y ait lieu à nommer une institutrice. » *Négron, maire.* — Usclas : « Pour répondre à ta lettre ci-dessus, je te marque qu'une seule école primaire suffit d'établir dans cette commune, ainsi qu'il a été pratiqué dans le passé. » *Guiraud* ag' n'. — Peret : « La commune de Peret a un instituteur et une institutrice. Il y a environ un mois qu'elle nous a décampé... » *Crouzet* ag' n'. — Cabrières : « Il n'y a qu'une seule école primaire d'établie pour les garçons. Nous aurions besoin qu'il y en eût une pour les filles, mais aucune institutrice ne s'est encore présentée pour faire sa soumission. » *Mercadier* ag' n'. — Cazouls l'Hérault : « Nous n'avons aucun instituteur depuis environ deux mois, ni aucune institutrice depuis environ deux ans. Cependant il a toujours été d'usage d'en avoir. » *Lagriffoul* ag' n'. — Lézignan-la-Cèbe : « Il existe dans notre commune une école primaire pour les enfants, établie en conformité à la loi. Il existe une régente des filles mais elle ne s'est pas présentée. » *Bidou* ag' n'.

Procès-verbaux des conseils généraux, an IX. — Haute-Loire : « Le mode actuel d'enseignement prépare une décadence effrayante pour les lettres et pour les sciences. » — Aude : « Établir des écoles primaires dans toutes les communes en proportion de mille habitants. Rétablir les Frères des écoles chrétiennes sous le nom de Frères de l'instruction publique et leur confier l'enseignement. » — Hérault : « La plupart des instituteurs primaires répandus dans la campagne sont ineptes et sans aveu. »

Valence. - Imprimerie Valentinoise